「感じ」と「気づき」を大切にした
保健の授業づくり

鈴木直樹・石塚 諭・小野かつき・上野佳代 編

教育出版

執筆者一覧 (50音順) ＊…編者

阿部 隆行	東京都立永山高等学校主幹 教諭
伊佐野 龍司	東京都立美原高等学校 教諭
石井 沙織	千葉県船橋市立湊町小学校 教諭
＊石塚 諭	お茶の水女子大学附属小学校 教諭
植田 誠治	聖心女子大学 教授
＊上野 佳代	東京学芸大学附属小金井中学校 教諭
内田 敦子	埼玉大学教育学部附属中学校 教諭
岡田 加奈子	千葉大学 教授
＊小野 かつき	千葉県船橋市立湊町小学校 教頭
鎌塚 優子	岐阜聖徳学園大学短期大学部 准教授
神谷 潤	お茶の水女子大学附属小学校 教諭
小林 稔	京都教育大学 准教授
齋藤 祐一	東京学芸大学附属高等学校 教諭
齊藤 理砂子	聖学院大学 准教授
佐見 由紀子	東京学芸大学附属幼稚園 養護教諭
下村 義夫	順天堂大学 教授
白旗 和也	日本体育大学 教授
菅原 知昭	新潟県新潟市立小針小学校 教諭
杉山 正明	東京都立新宿山吹高等学校 非常勤教諭
＊鈴木 直樹	東京学芸大学 准教授
髙木 悦子	お茶の水女子大学附属小学校 養護教諭
髙橋 修平	埼玉県立飯能高等学校 教諭
谷口 善一	宮城県大崎市立古川北中学校 教諭
角田 恒一	東京都目黒区立田道小学校 教諭
古木 善行	千葉県千葉市立稲丘小学校 教諭
星野 充啓	千葉県千葉市立稲丘小学校 教諭
山梨 八重子	熊本大学 准教授
山本 浩二	東京学芸大学附属世田谷中学校 教諭
横山 彩	東京都立立川国際中等教育学校 教諭

はじめに

　日本は，世界一位の長寿国です（2013年5月15日にWHOが発表した「世界保健統計」で男女平均83歳）。世界平均は70歳なので，いかに長寿であるかがわかります。また，いわゆる先進国の集まりである経済協力開発機構（OECD）34か国の中で，肥満比率を比較すると最も高いのはアメリカの35.9％ですが，日本は34か国中最も低い3.5％となっています。さらに，アメリカの総合情報サービス会社「ブルームバーグ」が2012年に国連や世界銀行，世界保健機関（WHO）のデータを総合的に分析して発表した「世界で最も健康な国々」のランキングでは，145か国中5位（1位　シンガポール，2位　イタリア，3位　オーストラリア，4位　スイス……29位　韓国，33位　アメリカ，55位　中国，97位　ロシア）となっており，日本は世界の中でも健康な国として位置付いています。

　ところが，日本人間ドック学会の調査によると，人間ドックで「異常なし」と診断された人の割合は7.8％となり，1984年（29.8％）の4分の1程度まで減少しているそうです。つまり，13人に1人程度しか"健康体がいない"ともいえます。また，2009年に英国NEFが世界143か国を対象に，生活満足度・寿命・環境負荷などから算出してランキングした幸福度指数（Happy Planet Index：HPI）では，日本は75位（1位　コスタリカ，2位　ドミニカ，3位　ジャマイカ……20位　中国，51位　ドイツ，68位　韓国，102位　オーストラリア，108位　ロシア，114位　アメリカ）であり，中位以下に位置しています。

　欧米の友人たちが日本のイメージを語ると，たいてい「Healthy」という言葉が返ってきます。どうも外から見ると日本人は健康的に見えるようです。一方，このようなことを聞いて「Yes」とははっきり言えない自分がいます。それは，日本人が必ずしも健康とはいえないような実感が自分の中にはあるからです。こんな私の実感を反映しているのが，上記の結果ではないでしょうか。

　なんとなくハリボテの健康の日本人という感じがしてなりません。これは，

保健の授業の中にも現れているように感じます。「健康な人＝健康に関する知識をたくさん有している人」という視点から学びが評価されているのではないでしょうか？　教師としては，知識をたくさん与えて満足してしまう部分があるのではないでしょうか？

　本書では，こういった考え方を伝統的な考え方としています。本書は，このように知識を獲得させる学習を支えるマニュアル本ではありません。むしろ，学習者の「生きている今」を「感じ」，「知」に「気づく」といったアプローチを大切にしています。伝統的な考え方が「教え込む」というものであったとするならば，「創り出す」というイメージだととらえていただくとよいかと思います。そして，こんな学習が単純な知識としての蓄積にとどまらず，知恵として生かされると考えています。そうすることで，生活の中で主体的に生きる健康体としての学習者を育てていけるのではないかと考えます。そして，こんな学習者主体の授業づくりができるようになるために本書の構成は工夫されています。

　まず，第1章では，これからの保健の授業への見通しをもってもらえるように身近な大枠を示した論稿を掲載しています。それを受けて，第2章では，先生方がもちやすい保健の授業での悩みにお答えをします。回答は，保健科教育の第一人者の先生方にお願いをしました。また，第3章では，ここまでの章を読んでイメージをつかんでもらったことを具体的に説明し，授業づくりの基盤をもつことをねらいとしています。ここでは，学習指導要領改訂のポイント，保健の目的，内容，展開といった教材研究に欠かせない視点の提供をします。さらに，第4章では，これらの考え方を踏まえた授業実践を紹介します。この章では，小学校のみならず，小学校で学んだことが中学校や高等学校でどのように扱われ，実践されているかを理解していただくために，中高の実践事例もあわせて紹介しています。その内容の理解を助けるために，編者が実践事例にコメントを入れ，解説を加えております。この解説と実践事例を見比べながら読んでいただければ理解が容易になると思います。最後に第5章は，第1章から第4章までを整理し，ポイントを凝縮した章になっています。授業づくりを

する上での要点ともいえます。

　その他，本書の中にはコラム（「ちょっと一息」）として10編の読み物が掲載されています。これは，保健の授業で使える小話にもなります。ご活用いただければ幸いです。

　本書は体育における保健の学習領域の重要性を確認し，よりよい保健学習を具体化するための道標となる書といえます。多くの先生方に読んでいただき，実践が広がることが私たちの願いです。

　よりよい保健の授業づくりのパートナーとして一緒に第一歩を踏み出しましょう！

（編者代表　鈴木直樹）

目　次

はじめに

第1章　これからの保健の学び

第2章　「保健」Q&A

Q1 保健の授業では，決められた知識を教えるような説明ばかりの授業になってしまいがちです。どのようにすれば子どもたちが主体的に学んでいけるような授業になりますか。　8

Q2 保健の授業では，怖がらせる指導はいけないと言われますが，どういうことですか。　10

Q3 養護教諭・栄養士などとTT（ティームティーチング）で授業を実施する際に，注意することは何ですか。　12

Q4 よりよい保健のテストづくりについて教えてください。　14

第3章　「保健」の授業づくりの基本的な考え方

1　これからの保健授業でおさえるべきポイント ──────── 18
  (1) 学習指導要領の改訂の趣旨　18
  (2) 体育科における改訂の内容　19
  (3) 保健のねらいとポイント　22
2　「感じ」と「気づき」を大切にした保健の授業づくり ──────── 26
  (1) 体育における保健　26
  (2) 健康の「感じ」と「気づき」　27

(3) 健康の「ため」に……　28
   (4) 保健を学習する意味　29
   (5) 「感じ」と「気づき」を大切にした保健の授業づくり　31
 3　「感じ」と「気づき」を大切にする「保健」の内容 ——————— 33
   (1) 「保健」の内容がなぜあらためて検討されなければならないのか　33
   (2) 保健における「知の構築」とは何か　33
   (3) 保健領域の内容　35
 4　「感じ」と「気づき」を大切にする「保健」の展開 ——————— 39
   (1) かかわりを大切にした学習過程　39
   (2) 「感じ」と「気づき」を大切にした学習過程　42
   (3) 「感じ」と「気づき」を大切にした学習形態　43

第4章　「保健」の授業実践

  実践例の読み方 ————————————————————————— 46
  「健康な生活」の実践例1〔小学校低学年〕
   "ハート大作戦！"（小2）
    （低学年の保健学習）——————————————————————— 47
  「健康な生活」の実践例2〔小学校中学年〕
   "毎日にこにこパワーアップ大作戦"（小3）
    （毎日の生活と健康）——————————————————————— 53
  「健康な生活」の実践例3〔中学校①〕
   "人間はどんな環境にも耐えられる!?"（中2）
    （健康と環境）—————————————————————————— 60
  「健康な生活」の実践例4〔中学校②〕
   "あなたの身体をつくっているものは？"（中3）
    （健康な生活と疾病の予防）——————————————————— 61
  「健康な生活」の実践例5〔高等学校〕
   "今から考えよう！　生活習慣病"（高1）
    （健康の保持増進と疾病の予防）———————————————— 62
  コメント「健康な生活」の実践について —————————————— 64

「育ちゆく体」の実践例1 〔小学校中学年〕
"どうなる!? わたしのからだ"（小4）
　　（育ちゆく体とわたし）———————————————— 66

「育ちゆく体」の実践例2 〔中学校〕
"心と身体をバランスよく育てよう"（中1）
　　（心身の機能の発達と心の健康）—————————— 72

「育ちゆく体」の実践例3 〔高等学校〕
"大人に向けて 自分なりに一歩ずつ！"（高2）
　　（生涯の各段階における健康）———————————— 74

コメント「育ちゆく体」の実践について———————————— 76

「心の健康」の実践例1 〔小学校高学年〕
"心の説明書"（小5）
　　（心の健康）————————————————————— 77

「心の健康」の実践例2 〔中学校〕
"感情のコントロール"（中1）
　　（心の健康）————————————————————— 84

「心の健康」の実践例3 〔高等学校〕
"ストレスをマネジメントする"（高1）
　　（精神の健康）———————————————————— 86

コメント「心の健康」の実践について—————————————— 88

「けがの防止」の実践例1 〔小学校高学年〕
"けがなんて怖くない"（小5）
　　（けがの防止）———————————————————— 90

「けがの防止」の実践例2 〔中学校〕
"身近に潜む交通事故の危険"（中2）
　　（傷害の防止）———————————————————— 96

「けがの防止」の実践例3 〔高等学校〕
"応急手当とけがの予防"（高1）
　　（応急手当）————————————————————— 98

コメント「けがの防止」の実践について————————————— 100

|「病気の予防」の実践例1|〔小学校高学年〕
"健康な人生を目指して"（小6）
　　（病気の予防）——————————————————————— 102
|「病気の予防」の実践例2|〔中学校〕
"病気にならない体をつくる！"（中3）
　　（健康な生活と疾病の予防）———————————————— 108
|「病気の予防」の実践例3|〔高等学校〕
"現代社会の健康問題とその対策"（高1）
　　（健康の保持増進と疾病の予防）————————————— 110
コメント「病気の予防」の実践について——————————————— 112

第5章　授業づくりのポイント

1　保健の授業における教師の仕事 ——————————————— 116
(1) 健康に関する知恵はどこにある？—— 一度目の発見　116
(2) 健康に関する知恵をどこから発見する？
　　　—— 何を授業の俎上に載せるか　117
(3) 子どもと共に考えるとは？
　　　—— 一度わからなくなる。半歩先を歩く。二度目の発見　118
(4) 発見した知恵を活用する—— 実際に生活を改善してみよう　119

2　なめらかな接続を目指す「保健」の授業づくり ———————— 123
(1) 保健の授業で求められていること　123
(2) 繰り返される内容とその位置付け　124
(3) 生涯にわたって活用できる授業に必要なこと　126
(4) 子どもの知りたいことをとらえる　128

3　養護教諭のまなざしを活かす授業づくり ——————————— 130
(1) 養護教諭が保健の授業に取り組むとき　130
(2) 生活者としての学びを実現するとは　131
(3) 子どもの「感じ」と「気づき」を活かす授業　133
(4) 養護教諭のまなざしがつくり出す保健の授業の豊かさ　135

4 学びの実感を促す工夫—— 児童生徒・学生，他職種，他領域の教職員の
　　チーム力を生かした保健学習 ——————————————— 137
　　（1）はじめに　　137
　　（2）実践事例紹介　　138
　　（3）まとめ　　143
5 自分を見つめることから学ぶ ————————————————— 145
　　（1）はじめに　　145
　　（2）自分を見つめるために　　145
　　（3）おわりに　　149
6 「保健」における指導上の留意点5か条 ————————————— 151

あとがき

ちょっと一息

ヘルスプロモーションとは　　16
「保健の学び」と「保健指導」の違い　　24
子ども時代における身体活動の重要性
　　——大人になってからの生活習慣病への影響の観点から　　58
日本人の睡眠時間や食事の時間は長い？　　65
「食」は心のバロメーター　　83
幸せになるために必要な能力とは？　　89
「石鹸による手洗い」と「擦り込み式消毒用アルコール製剤」
　　どちらがいいの？　　101
暖かくなると風邪がはやる？　　114
過呼吸症候群には，ペーパーバッグ法？　　121
"ペットボトル"は開けた後，
　　どれぐらいの時間までなら飲むことができるの？　　129

第 1 章

これからの保健の学び

「雨降り保健」という言葉を耳にしたことはありませんか？
　この言葉は，体育における保健の価値をよく表していると思います。なぜなら，「晴れたら運動」という言葉はあまり聞いたことがないからです。すなわち，運動領域の学習を予定していて，外で学習ができないので，その時をねらって保健の授業を進めると考えているのであって，保健の学習を予定していて，好条件だったのでやむを得ず外で運動領域の学習をするとは考えていません。この言葉には，体育の中心は運動であるということが暗黙裡に含まれているように感じます。そして，計画的に保健の授業が実施されていないことを象徴しています。実際，小学校で9年間教員をやってきた私も同じように梅雨の時季に保健の授業を扱ったことがありました。学校に教科書を置いておくことは学校のルールで禁止になっているにもかかわらず，保健の教科書だけはその時季は学校に置かせたままにしていました。このようなことからもわかるように，保健領域の授業は，運動領域の授業に比べて，軽視されている傾向にあったといえます。
　ところで，私は大学で体育の指導法を教えるときに，授業の第1時間目に，高校までの体育を振り返って印象に残っている場面と体育の好きな領域を書かせています。この結果を見ると，100人もいる学生の中で保健にかかわった内容を書いている学生が1人もいないことが少なくありません。体育が好きな理由や体育が嫌いな理由を聞いても，「運動が好きだから」「運動が得意だから」「運動が嫌いだから」「運動が苦手だから」という回答が一般的で，保健を体育の学習の中に含めて考えていないような気さえしてしまいます。ところが，実際には，小学校の中学年でも毎年4時間程度，高学年では毎年8時間程度（中学年：8単位時間程度，高学年：16単位時間程度）の保健の学習をしています。この授業時数は，他の運動領域に比べて極端に少ないとはいえません。中学校・高等学校では，名称も保健体育となり，保健のウェイトがますます高まります。

にもかかわらず，小学校から高等学校まで体育を学んできた大学生に「体育＝運動」と12年間の学びを通して認識されている事実は，保健が体育の中で周辺的な領域となってきたことを示しています。

しかし，平成10年の学習指導要領の改訂では，体育の目標に「心と体を一体としてとらえ…」という文言が加わり，これを受けて運動領域と保健領域の密接な関連が強調され，この改訂を機に保健への注目が高まってきました。それまで小学校高学年以降の内容であった保健が小学校中学年から扱われるようになり，養護教諭と連携をした保健の授業研究も数多く実施されるようになりました。こうして教師側では，保健が体育の表舞台に立ってきたようにも感じています。それでも，大学生の認識からもわかるように，学び手の側からすれば，保健は印象の薄い学習となっている現状があります。それはなぜなのでしょうか。

体育では，「健康で明るい生活を営む態度を育てる」ことが目標とされます。すなわち，生涯にわたって健康で運動とかかわり続けていく人間の育成が求められているといえます。この目標の達成に対して平成20年の学習指導要領の改訂では，体力低下を大きな問題とし，体力向上が改訂の大きな柱とされました。体力というと体力テストがすぐにイメージされますが，体力テストの結果は，40年前と比べて低いどころかやや高い傾向を示していることを野井（2007）が明らかにしています。すなわち，現代の30代・40代の人が子どもだった頃に比べれば体力テストの記録は低下傾向にありますが，現代の50代・60代の人が子どもだった頃と比べて今の子どもたちの体力テストの記録は遜色ないのです。

このような現状の中で私たちが感じている子どもたちの体力の低下について，野井（2007）は，体力テストで測定されるような行動体力ではなく，むしろ抵抗力や免疫力，精神力といった防衛体力にあるとしています。確かに，小学生の骨折は10年前の約1.5倍，小児肥満は30年前の約3倍，心の悩みを抱えている子どもや保健室登校の子どもは増加の一途です。このような事実からは，行動体力のみならず子どもの総合的な体力の低下を見いだすことができます。すなわち，現代における体力低下の問題に応えるためには，運動という面だけで

なく，心を含めた健康という面への注目が不可欠ではないでしょうか？

　私は先日，フィンランドで唯一保健体育の教員養成をしているユヴァスキュラ大学を訪問してきました。そのカリキュラムの中で驚いたのは，大学１年生では運動領域を中心にして学ぶものの，大学２年生，３年生（教員養成は学部３年＋修士２年の５年制）では，保健の講義・演習が増加し，中心になるということでした。体育教師として保健の指導を重視していることには驚かされました。なぜなら，日本の保健体育の教員養成カリキュラムは，運動領域中心となって構成される傾向にあるからです。また，学校現場でも日本の体育教師の大きな関心事は運動量の保障であり，教師たちの関心は「いかに体を動かすか」ということへ向けられていると思うからです。フィンランドの体育では，日本と同様に生涯にわたる運動生活を支えることを学習しているわけですが，健康への適切な理解という側面が日本よりも重視されているように感じました。

　また，私は2008年に６か月ほどアメリカのニューヨーク州で過ごしました。アメリカでは，1960年代までは，Skill Related Fitness（技能関連体力）といったスポーツに必要な技術や体力を学ぶことを中心としていました。しかし，現在では，Health Related Fitness（健康関連体力）という健康であるために必要な体力を身に付けていくことを目指しています。アメリカもフィンランドと同様に，運動能力の向上というよりは，健康的な生活を送るための体力や知識を重視し，保健を重視しているといえます。確かに子どもの総合的な体力の低下に応えていくためには，フィンランドやアメリカのように保健を体育の中の重要な領域として教師が認識し，実践していく必要があるように思われます。

　表１は昭和43年の学習指導要領と平成10年の学習指導要領の目標の比較です。

　昭和43年の学習指導要領が「心」と「体」の分離を前提とした心身一如の立場に立っているのに対して，平成10年の学習指導要領は「心」と「体」を一体としてとらえた心身一元論の立場に立っています。

　昭和43年の学習指導要領では，「養う」という言葉と「させる」という言葉に象徴されるようにあらかじめ用意された子ども像への「適用」が目指されていることが暗示されています。一方，平成10年の学習指導要領では，「育てる」

表1　学習指導要領に記載された目標の比較（昭和43年と平成10年）

昭和43年の学習指導要領	平成10年の学習指導要領
1　運動を適切に行わせることによって，強靭な身体を育成し体力の向上を図る。 2　運動のしかたや技能を習得させ，運動に親しむ習慣を育て，生活を健全にし，明るくする態度を養う。 3　運動やゲームを通して，情緒を安定させ，公正な態度を育成し，進んできまりを守り互いに協力して自己の責任を果たすなどの社会生活に必要な能力と態度を養う。 4　健康・安全に留意して運動を行う能力と態度を養い，さらに健康の保持増進について初歩的知識を習得させ，健康で安全な生活を営むために必要な能力と態度を養う。	心と体を一体としてとらえ，適切な運動の経験と健康・安全についての理解を通して，運動に親しむ資質や能力を育てるとともに，健康の保持増進と体力の向上を図り，楽しく明るい生活を営む態度を育てる。 （以下は『小学校学習指導要領解説　体育編』（平成10年）の記述） ・「運動に親しむ資質や能力を育てる」とは，生涯にわたって運動やスポーツを豊かにしていくための基礎を培うことを重視するために強調したものである。 ・「健康の保持増進」を図るとは，健康・安全についての実践的な理解を通して，自らの生活行動や身近な生活環境における課題を把握し，改善することができる資質や能力の基礎を培うことを示したものである。 ・「体力の向上」を図るとは，各種の運動を適切に行うことによって活力ある生活を支え，たくましく生きるための体力の向上を図るということである。 ・「楽しく明るい生活を営む態度を育てる」とは，生涯にわたって運動やスポーツを豊かに実践するための資質や能力，健康で安全な生活を営む実践力及びたくましい心身を育てることによって，現在及び将来とも楽しく明るい生活を営むための基礎づくりを目指しているものである。

と「資質・実践力」という言葉に象徴されるように，「自立」が目指されているといえます。また，健康については，昭和43年の学習指導要領では，知識の習得によって生活に生かそうと考えているのに対して，平成10年の学習指導要領では「実践的理解を通して」というように，「いま－ここ」の活動において知識に意味づけをすることによって，自らの生き方の改善と見通しの構築をしていくことを目指しているといえます。

　平成20年の学習指導要領でも平成10年の学習指導要領の考え方を基本的には踏襲しています。むしろ，中央教育審議会の答申（平成20年1月17日）にも「より心と体を一体としてとらえ…」とあるように，心身一元論を強調した立場からの運動領域と保健領域の学びを考えていく必要があるといえます。具体的に

は，運動領域と保健領域の一体化ということを指しますが，これは，本書のシリーズ書である「動きの『感じ』と『気づき』を大切にした授業づくり」各巻でも一貫して述べてきたように，身体で「感じ」，知に「気づく」といった学びのスタンスを示しているともいえます。すなわち，学びは生きることにおける意味の生成に伴いながら知恵としての知識が創発されていくことであると考えていく必要があります。もっと簡単にいえば，学びとは日常にあふれている情報を知として「感じ」，それが意味づけられ，自らがよりよく生きていくための知として「気づいていく」プロセスであるといってもよいと思います。

以上のことを整理すると，これからの保健の学びの方向性を三つにまとめることができます。

①計画的な保健の授業実施と保健の内容を重視した指導をする。
②運動領域と保健領域の壁をなくし，一体の関係の中で指導し，連関を図る。
③知識を獲得していくことを学びととらえるのではなく，知を「感じ」と「気づき」を大切にした授業によって創発していくことを学びとしてとらえる。

本書には，これらの方向性に基づいた「新しい」保健の授業づくりをするためのヒントがたくさん載っています。これらを手がかりに明日の保健の授業が，ワクワクする知が生成される欲求に満ちあふれたものになるように，読み進めながら先生方の実践を意味づけていただければ幸いです。　　　　（鈴木直樹）

〈参考文献〉
野井真吾（2007）「『子どもの体力低下』の"実感"の"実体"」（平成18年度 埼玉県体育学会報告（シンポジウム））『埼玉体育スポーツ科学』第3巻，p.58

第 2 章

「保健」Q & A

Q1 保健の授業では，決められた知識を教えるような説明ばかりの授業になってしまいがちです。どのようにすれば子どもたちが主体的に学んでいけるような授業になりますか。

> 子どもたちが自ら学んでいけるような授業にしたいと考えているのですが，うまくいきません。教科書を順に読んでいくような授業をなるべく避け，例えば，睡眠や栄養についての実験結果の資料などを用いて授業を進めています。しかし，それでもその実験結果を担任が説明することが多くなってしまいます。子どもの主体的な学びを引き出すにはどうしたらよいか教えてください。

A 「教える」ということは，子どもが問題意識をもち，それを解決するために追究するようになってはじめて成立したといえます。したがって，主体的な学びを引き出すには，子どもの内面に生じる疑問や葛藤を予測したり見逃さなかったりする授業づくりが求められます。子どもの内面の姿をとらえない授業は，実験結果のような資料であっても単なる知識の羅列となり，教師中心の伝達型の授業に陥る危険性があります。

そうならないためには，第一に，子どもたち，つまり学習者の現実に生きている姿や興味・関心を把握しておくことが求められます。本来，子どもは知的好奇心が強く，日常生活の中で問題解決したり知識を獲得したりしています。そのような日常的認知の実情をみれば，子どもは自ら学び自ら考える存在ととらえることができます。授業は日常的認知を超えた理解を深める場です。そのような場になり得るかは，学習者を把握して，どのような学びを想定するか，すべて教師の「教える」取り組みにかかっています。

第二に，授業で何を追究させたいかを，教師が鮮明にもつことが求められます。子どもにどんな知識を獲得させ，物事を正しく判断したり適切に処理したりする能力である知恵につながる学びをいかにつくるかです。獲得した知識が他の学習で生かされ，子どもの生活・生き方にどのような影響を及ぼすかを想定することといえます。睡眠や栄養について考えてみると，しつけ的な指導が

あっても日常生活の中で考えることなく過ごしているのが現実で，日常的認知にとどまっているといえます。だからこそ，睡眠や栄養が体を守り成長させていることを自分の生活との関連で実感させ，問題意識を引き出し，そのことを追究し，その仕組みや大切さがわかる主体的な学びが必要となります。実験結果の資料を用いる場合も実感や問題意識との関連で用いなければ，教師の一方的な説明になってしまうでしょう。なぜそうなのか，なるほどそういうことなのか，だからどうすればよいか，子どもの納得が重要なのです。科学的事実と子どもの既知・経験が結びつき，それに対応するかたちで子どもの意識を科学の力でゆさぶりながら追究させていく過程が必要です。その過程を保障するのが教材です。教材は個々の科学的概念（学習内容・知識）を習得させるうえで必要とされる材料（事実，文章，直観教具など）です。教師が教えたいことを子どもが学びたいことに変えていく，つまり問いを形成し，仲間との比較や交流による集団思考を通して，科学的な事実に基づく理解を深める過程を可能にするものです。教材を周到に準備しておくことが納得の世界をつくる鍵になります。実験結果の資料も教材としてどう位置づくのか，吟味して用いなければなりません。

　第三は，授業の展開を制御することです。実際の授業では，想定した展開にならないことのほうが多いでしょう。保健学習は「子どもが自分を取り巻く環境に全身で働きかけ，全身で感じたことを授業の参加者と吟味し合う相互作用を通し，何かに気づき，それを言語化し，自分の生き方をも問い返すような活動である」と考えると，多様な感じ方や気づきが錯綜すればするほど活動が充実するでしょう。教師の見解とは対立する意見を引き出したり，子どもたちの中に対立する意見や解釈を組織したり，発展の芽を発見し多様な展開になることが予想されます。ただし，その授業でのねらいに即して制御することが求められます。

　以上の三つの観点から授業を見直し，構想することが大事です。　　（下村義夫）

Q2 保健の授業では,怖がらせる指導はいけないと言われますが,どういうことですか。

> 「歯磨きをしないとむし歯になりますよ」「たばこを吸っていると肺がこんな状態になりますよ」という指導をしていたら,保健の授業では,怖がらせる指導はいけないと指摘されました。健康な子どもに育てるため健康的な行動をとらせようと指導したのですが,なぜ,そのような指導がいけないのか教えてください。

A 「怖がらせる指導はいけない」という指摘がどのようなものであるかは実際にその授業を見なければわからないのですが,考えられることの一つは,怖がらせる指導が,行動の変容に結びつかないのではないかというものです。

もし,「健康的な行動をとらせようと指導した」のであれば,その指導が行動の変容に結びつかないことは大きな問題です。

例えば,たばこを吸っているおじいちゃん・おばあちゃんがいるとします。この人に,たばこをやめてもらいたいと考え,指導をするときに,「たばこを吸っていると肺がこんな状態になりますよ」あるいは「癌になる可能性が高くなりますよ」と言うのと,「かわいいお孫さんのためにたばこをやめませんか」と言うのとでは,どちらが効果があるでしょうか。人間は健康になることを目的として生きているとはかぎりません。人はそれぞれ「このように生きたい(生活の質の向上)」という思いをもっています。ですから,孫がかわいくてしょうがないお年寄りには,生活の質の向上(孫の幸せのために生きたい)という目的を達成するために健康を考える(たばこをやめる)ことが行動の変容につながるわけです。「〜をするとこんな病気になりますよ」という指導をいくらしても,「自分は病気にならずに生きたい」という目的をもたない人には行動の変容は見られないことでしょう。

以上のような点から,単に「怖がらせる指導はいけない」という指摘があるのです。

次に,その指導が子どもたちの科学的な認識を育てることにつながらないということが考えられます。

「歯磨きをしないからむし歯になる」「手洗いをしないから病気になる」など，単純に原因と結果が結びついているような健康問題は現実にはありません。歯磨きをしない結果，食べ物のかすが歯に残り，それを餌としてミュータンス菌が酸をつくり出し，歯を溶かしてむし歯をつくる。このように，「歯磨きをしない」という現象と「むし歯になる」という結果の間には，さまざまな要因が複雑に存在しているのです。その関係を理解し，「なるほど」と納得するところに，科学的な認識が育つのではないでしょうか。

　最後に，怖がらせるような学習の中で，どのような学びが生まれるかという問題があります。恐怖の指導の多くが「AにならないためにはBをすればよい（むし歯にならないためには歯磨きをすればよい）」というものです。これは，マニュアル記憶型の学習であるといえます。マニュアルを記憶するように健康問題への対処を教えたときに，どのような子どもが育つのでしょう。

　子どもたちは将来，さまざまな新しい健康問題に遭遇することが考えられます。その時，新しい健康問題にマニュアルが通用しないことは明らかです。

　そこで，健康問題への「感じ」や「気づき」を大切にし，クラスの仲間との話し合いを通して，自分たちの身のまわりにある健康問題の中から法則性を発見していく，そのような学びを生み出すことが将来，新たな健康問題が発生したとき，仲間と協力し合ってそれを解決していく力をはぐくむことになるのではないでしょうか。

（小野かつき）

Q3 養護教諭・栄養士などとＴＴ（ティームティーチング）で授業を実施する際に，注意することは何ですか。

> 養護教諭や栄養士とＴＴ（ティームティーチング）で授業をすると，どうしても養護教諭や栄養士に説明をお願いするかたちになり，一方的な授業になったり，子どもに説明している間の担任の役割がわからず，困ることなどがあります。ＴＴでの授業を有効なものにするためには，どのようなことに注意したらよいか教えてください。

A まずは，それぞれの得意分野を考えてみたいと思います。担任の先生は，①クラスの子どもの実態をよく把握している，②子どもとやりとりしながら展開する授業のスキルをもっている，③②を進めるための教材の準備に慣れている，という得意分野があると思います。一方，養護教諭，栄養教諭・栄養士は，①専門分野の情報をもっている，②その時期やその年齢に応じた最新の情報をもっている，という特長があります。しかし，養護教諭・栄養教諭は，授業や指導を単発で経験したことがあっても，継続した授業や指導の経験が少ないため，どうしても伝えたい情報がたくさんあって１時間では絞り込めなかったり，あるいは，情報伝達に終始してしまったりということがあるように思います。

そこで，その授業内でどう分担するかも含めて，教材準備の段階からコミュニケーションをたくさんとっていただくことが最も重要と思います。

まずは，担任の先生から，「○○のテーマについて話をしてほしい」というかたちで依頼を受け，準備を始めますが，養護教諭や栄養士としては，伝えたい内容がたくさんあり，どこに焦点を絞ったらよいか，どのように収束したらよいか，教材選択・内容の展開で悩むことが多いものです。しかし，担任の先生の手を煩わせては申し訳ないと思い，相談することができずに当日を迎えることも多々あります。

そのため，授業の依頼のときに，「○○のようなことで困っている」「○○のような生徒がいるので変えたい」「こんなふうなメッセージを入れたいけどどう思う？」といった担任の先生の願いや，子どもの実態が詳しくわかるような

情報をいただけると助かります。事前にそのテーマについてクラスでアンケートをとって，データに基づいて，一緒に分析しながらどう展開するか考えていくのもとてもよい方法ではないかと思います。

あるいは，養護教諭，栄養教諭・栄養士がいったん考えた指導案を基に，30分の指導であれば，例えば10分程度に簡略化し，模擬授業をしてもらうのはどうでしょうか。そこで，担任の先生から「私から〜のような補足説明をしよう」とか，導入の部分で子どもたちの興味・関心をつかむところは担任が担当し，メインの説明部分になったら養護教諭，栄養教諭・栄養士に交代するなど分担ができると，なおよいと思います。

また，授業内で担任の先生に指導していただくと助かることとしては，次のようなことがあります。①理解の難しい子どもについて補足の指導や支援をしていただく。②説明の足りない部分や，クラスがざわついて大事な部分の説明が弱かったときは，その場で「大事だからもう一度聞いてみよう」などと補足していただく。③資料や教材が見えにくい，内容がわかりにくいときには，その場であえて質問をして子どもに伝わるようにしていただく。授業を途中で止めてしまうと悪いな，などと思わずに，子どもたちのためによりよい指導になるよう，大事な場面では声をかけていただけると助かります。また，そのことで，養護教諭，栄養教諭・栄養士も，ああ，この部分が自分に足りなかったんだなと気づくことができると思います。

そして，授業の後にはぜひ一緒に振り返り，評価をお願いしたいと思います。よかったところも不十分だったところも率直に話し合えると，また次の機会に生かせますし，もう一度違うテーマでもやってみようとお互いに思えるのではないでしょうか。

時間がない中での依頼ではあるでしょうが，授業の前後のコミュニケーションがよりよい授業につながることはもちろん，養護教諭，栄養教諭・栄養士の成長にもつながりますし，職場でのやりがいにもつながりますので，ぜひお願いしたいと思います。

（佐見由紀子）

Q4 よりよい保健のテストづくりについて教えてください。

> 「感じ」と「気づき」を大切にする保健の授業をつくっていきたいと考えています。子どもの「感じ」と「気づき」を大切にしていくということは，大人が正しいと考える知識を教え込むことではないと思います。そう考えると，いままでのような知識を評価するテストではいけないように思うのですが，どのようなテストをつくればよいか悩んでいます。保健のテストづくりについて教えてください。

A おっしゃるように，「感じ」と「気づき」を大切にするということは，授業の過程だけではなく評価においても，それを大切にすることが必要になってきます。ここでは，二つのことを提案します。「感じ」というのは情意面のことですから，それをどう評価するか。これが一つめです。次に，「気づき」やそれに続く思考や判断をどう評価するかです。

情意面を評価する

質問はテストづくりに関してですから，それに答えるとすると，「情意面については，テストで評価するよりもまず別の評価を考えてはどうでしょうか」ということになりそうです。情意面の評価は，教師が主観的に評価することが多いのではないでしょうか。子どもたちが「感じ」ているかどうかを評価するわけですから。主観的に評価するというのは，教師の専門性が最も発揮される場面の一つといえますが，一方で評価の枠組みや規準がぶれやすいともいえます。そこで提案です。子どもが「感じ」ているかどうかの姿をもう少し分析的に整理しておき，かつそれを授業前からもっておき，それに基づいて，積極的に評価していくとよいでしょう。辰野（2001）は，「感じ」とは表現していませんが，情意面について，次のような子どもの姿を見取っていくことを提案しています。「気づいている」「疑問をもっている」「好奇心をもっている」「注意を向けている」「観察している」「質問している」「調べている」「好意をもっている」「価値を認めている」「楽しんで行っている」「自分から進んでしている」「目標を高くもっている」「我慢してでも行っている」「最後まで行っている」「実践し，応用している」。まずはこのような姿を評価するとよいでしょう。

「気づき」やそれに続く思考・判断を評価するテスト問題づくり

　授業において，「気づき」を配慮しても，例えば評価の際のテスト問題が言葉を暗記しているかどうかを問うだけの問題だったとしたら，何にもなりません。暗記だけでは解けない問題，言い換えるならば，学習したことを説明できたり，具体例で言いかえることができたり，問題を解決するために学習した情報を用いることができたり，学習した情報に基づいて分析するといった問題づくりが求められます。

　例えば，ある状況場面を文章やイラストで示します。授業で学んだ保健や安全の基本的な概念を用いて，その状況場面では，どんなことに気をつけたり，どのような行動をするとよいかについて考えさせたりするような問題をつくりだしていきます。いわば応用問題ですね。それから，保健や安全の基本的な概念を具体例で示す問題，逆に具体例を例示し，それらから保健や安全の基本的な概念を問う問題なども有効です。抽象と具体を組み合わせる，あるいは演繹と帰納を組み合わせるという発想です。その他，正しい図表と間違いのある図表を分析する，または自分の考えを文章化し，それを保健や安全の概念と比較することなどによって考えさせるような問題をつくっていくとよいと思います。

（植田誠治）

〈引用・参考文献〉
辰野千壽（2001）『改訂増補　学習評価ハンドブック――指導と評価の一体化を目指して』図書文化社，p.82

ヘルスプロモーションとは

　ヘルスプロモーションとは，「人々が自らの健康とその決定要因をコントロールし，改善することができるようにするプロセス」と定義づけられています。これは，1986年にカナダの首都オタワで行われた第1回ヘルスプロモーション国際会議で初めて提唱され，その後2005年のバンコク憲章において一部改定されています。

　健康づくりの考え方は，時代に沿った健康課題の変化とともに変遷を遂げています。例えば，第二次世界大戦終了後はしばらくの間，死亡原因として感染症の占める割合が多かったため，健康づくり活動は，主に感染予防でした。その後は，医療技術が進歩し，保健医療施設が充実するようになったため，健康づくり活動は，疾病予防から健康増進に重きを置くようになっていきました。そして，1978年にはWHOのアルマアタ宣言において，プライマリ・ヘルス・ケアが提唱されました。これは，地域住民の参画を原則とし，①保健教育，②食糧供給と適切な栄養，③安全な水と衛生，④家族計画を含む母子保健，⑤主要な感染症の予防接種，⑥風土病の予防・対策，⑦日常的な病気治療とけがの手当て，⑧必須医薬品の供給，という8つの健康づくり活動があげられています。

　しかし，1980年代後半になると，健康増進のためには個人の生活改善の努力だけではなく，環境の改善も重要であると認識されるようになりました。これがオタワ憲章，つまりヘルスプロモーションの考え方です。ヘルスプロモーションは，個人や集団の健康教育に加えて，健康を支援する環境を整備することを通して健康の保持増進を図ることを目指しています。ヘルスプロモーションを実現するための活動方法としては，①健康な公共政策づくり，②健康を支援する環境づくり，③地域活動の強化，④個人技術の開発，⑤ヘルスサービスの方向転換，の5点があげられています。学校教育の立場から考えると，以下のようになります。

　①健康な公共政策づくり……教育委員会の方針，学校・学年・学級の方針，学則等

　②健康を支援する環境づくり……物理的環境（校舎，教室，校庭，学校周辺の建物・土地・設備，衛生的な環境の維持等），社会的環境（教職員と児童生徒，教職員間，児童生徒間，保護者と地域住民等の人間関係）

　③地域活動の強化……学校，家族，地域とのつながり・交流・支援・協働等

　④個人技術の開発……年齢相応の知識と理解，ライフスキル等

　⑤ヘルスサービスの方向転換……児童生徒の主体的な活動への転換等

　ヘルスプロモーションは，健康の保持増進のために，「みんなで環境を変えていこう」という方法への転換であり，自分を含めた周囲の一人ひとりのために，互いに協力し，助け合うことが求められます。その実現のためには，私たち一人ひとりが地域社会の一員として，地域社会を形成しているという意識をもつことが大切です。

（齊藤理砂子）

第 3 章

「保健」の授業づくりの基本的な考え方

1 これからの保健授業でおさえるべきポイント

(1) 学習指導要領の改訂の趣旨

　平成20年3月28日に小学校及び中学校の新学習指導要領が告示されました。新しい小学校学習指導要領は平成23年度から全面実施になりましたが，その趣旨を生かした授業実践を行うためには，改訂の背景や趣旨を概ね理解しておくことが必要です。

　学習指導要領は，社会的なニーズや課題を背景に，およそ「今後の日本を背負っていく子どもたちにどのような力を身に付けさせていくべきなのか」を教科・領域ごとに発達の段階を踏まえ，体系的に整理したものといえます。

　今回の改訂では，21世紀はいわゆる「知識基盤社会」の時代であることを重視しています。このような知識基盤社会化やグローバル化は，知識そのものや人材をめぐる国際競争を加速させる一方で，異なる文化や文明との共存や国際協力の必要性を増大させると考えられます。このような状況において，日本の将来を背負う今の子どもたちには，確かな学力，豊かな心，健やかな体の調和を重視する「生きる力」をはぐくむことがますます重要になってきます。

　ところが，OECD（経済協力開発機構）のPISA調査など各種の調査からは，わが国の児童生徒について次のような課題が浮き彫りになりました。

　　○思考力・判断力・表現力など知識・技能を活用する力
　　○家庭での学習時間などの学習意欲，学習習慣・生活習慣
　　○自分への自信の欠如や自らの将来への不安，体力の低下

　まさに生きる力が不十分と言わざるをえません。そうしたことから，21世紀を生きる子どもたちの教育の充実を図るため，中央教育審議会で国の教育課程の基準全体の見直しについて検討され，平成20年1月に「幼稚園，小学校，中学校，高等学校及び特別支援学校の学習指導要領等の改善について」（答申）

が示されました。これは，教育基本法改正において，知・徳・体をバランスよくはぐくむこと，学校教育法改正において，基礎的・基本的な知識・技能，思考力・判断力・表現力等及び学習意欲を重視することなどが規定されたことを踏まえたものです。

こうした法改正や中央教育審議会答申を経て，学習指導要領の改訂が行われました。その基本的な柱は次の3点です。

- ○「生きる力」を育成すること
- ○ 知識・技能の習得と思考力・判断力・表現力等の育成のバランスを重視すること
- ○ 豊かな心と健やかな体を育成すること

(2) 体育科における改訂の内容

① 答申を踏まえた改訂の方向

体育科の改訂においても，平成20年1月の中央教育審議会の答申に基づいて行われました。その答申において，体育科の改善の基本方針については，次のように示されています。

表1　体育科の改善の基本方針

小学校，中学校及び高等学校を通じて，「体育科，保健体育科については，その課題を踏まえ，生涯にわたって健康を保持増進し，豊かなスポーツライフを実現することを重視し改善を図る。その際，心と体をより一体としてとらえ，健全な成長を促すことが重要であることから，引き続き保健と体育を関連させて指導することとする。また，学習したことを実生活，実社会において生かすことを重視し，学校段階の接続及び発達の段階に応じて指導内容を整理し，明確に示すことで体系化を図る。」としている。

(「幼稚園，小学校，中学校，高等学校及び特別支援学校の学習指導要領等の改善について（答申）」平成20年1月）（下線は筆者）

まず，その課題ですが，「運動する子どもとそうでない子どもの二極化や子どもの体力の低下傾向が依然深刻」といった児童生徒に関する課題だけでなく，「運動への関心や自ら運動する意欲，各種の運動の楽しさや喜び，その基礎となる運動の技能や知識など，生涯にわたって運動に親しむ資質や能力の育成が十分に図られていない例も見られること」といった教師の指導に関する課題や「学習体験のないまま領域を選択しているのではないか」といった学習指導要領の枠組みの課題も指摘されています。

　さらに，答申では，保健について「（前略）小・中・高等学校を通じて系統性のある指導ができるように，子どもたちの発達の段階を踏まえて保健の内容の体系化を図る。また，生活習慣の乱れやストレスなどが健康に影響することを学ぶことが重要であり，健康の概念や課題などの内容を明確に示すとともに，心身の発育・発達と健康，生活習慣病などの疾病の予防，保健医療制度の活用，健康と環境，傷害の防止としての安全などの内容の改善を図る。特に，<u>小学校低学年においては，運動を通して健康の認識がもてるよう指導の在り方を改善する</u>」（下線は筆者）としています。

　保健でも，運動領域と同様に小学校から高等学校までを見通して，指導内容の体系化が図られています。その中で，内容の重点化とともに，いっそう系統的に学習ができるように内容の改善を図っています。

　下線の部分については，『小学校学習指導要領解説 体育編』（以後，『学習指導要領解説』）の第1学年及び第2学年の「内容の取扱い」として，次のように具体的に示されています。

「(4)各領域の各内容については，運動と健康がかかわっていることの具体的な考えがもてるよう指導すること」

　これは，小学校の保健が中学年からの位置付けであるものの，低学年のうちから，運動をすることによって自分の体が変化することに気づくことで，自分の体に関心がもてるようにすることが大切であることを示しているものです。特に，体ほぐしの運動の気づきの内容と関連して学ぶことが適切でしょう。『学習指導要領解説』には，低学年の体ほぐしの運動では，「「心と体の変化に気付く」

とは，体を動かすと気持ちがよいことや，力いっぱい動くと汗が出たり心臓の鼓動が激しくなったりすることなどに気付くことである」と示されています。

② 具体的な改訂の内容

表1 (19ページ) の後段において，改善の方向性を「学習したことを実生活，実社会において生かすことを重視し，<u>学校段階の接続及び発達の段階</u>に応じて指導内容を整理し，<u>明確に示す</u>ことで<u>体系化</u>を図る」こととしています。これらを具現化し，改訂の方向を示すために，目標を修正しています。ここでのポイントは，小学校から高等学校までの見通しをもった目標とするために，小学校体育の位置付けを明らかにしたことです。

学校教育法において「小学校は，心身の発達に応じて，義務教育として行われる普通教育のうち基礎的なものを施すことを目的とする」と規定されていることを踏まえ，「生涯にわたって運動に親しむ資質や能力の基礎を育てる」ことを明確に示しています。つまり，生涯にわたって運動に親しむ資質や能力を育成するためには，小学校でそれらの基礎をしっかりと育てることが大切であることを明確に示したわけです。

表2 体育科の目標（小学校学習指導要領）（下線は筆者）

> 　心と体を一体としてとらえ，適切な運動の経験と健康・安全についての理解を通して，<u>生涯にわたって</u>運動に親しむ資質や能力の<u>基礎</u>を育てるとともに健康の保持増進と体力の向上を図り，楽しく明るい生活を営む態度を育てる。

この目標を受け，特に保健に関連する内容としては，次のように改善されています。

● 指導内容の体系化（指導内容の明確化，系統化，弾力化）

体育科では生涯にわたって運動に親しむ資質や能力の基礎を身に付けていくことを目指しているのですから，児童生徒の発達の段階を考慮した上で，それにふさわしい指導内容を明確化し，意欲的に継続して学ぶことができるよう系統化しました。このように小学校から高等学校までの12年間を見通して指導内

容の整理を行い，体系化を図りました。

● **基礎的な内容の重視と指導内容の明確化**

身近な生活における健康・安全に関する基礎的な内容を重視し，健康な生活を送る資質や能力の基礎を培う観点から，系統性のある指導ができるよう健康に関する内容を明確にしています。具体的には，第3学年・第4学年では，「毎日の生活と健康」及び「育ちゆく体とわたし」の指導内容を明確にする中で，「毎日の生活と健康」については，健康の状態のとらえ方として主体の要因と周囲の環境の要因を追加しています。また，第5学年・第6学年では「心の健康」

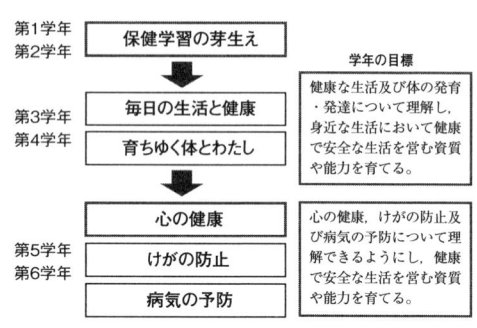

図1　保健の体系化

「けがの防止」及び「病気の予防」で内容を構成していますが，「けがの防止」に「身の回りの生活の危険が原因となって起こるけが」を，「病気の予防」については「地域での保健にかかわるさまざまな活動に関する内容」を新たに加えています。

配当時数は，第3学年・第4学年では各4時間，第5学年・第6学年では各8時間のままですが，指導内容が増えていますので，授業の充実とともに指導の工夫が必要になります。

（3）保健のねらいとポイント

① 保健学習の背景とねらい

保健は，誰にとっても生涯にわたってかかわり深い内容ですから，単なる知識で終わらせることなく，ふだんの生活で生かすことができるようにしなければなりません。ですから，「生涯にわたって自らの健康を適切に管理し改善していく資質や能力を育成＝ヘルスプロモーションの考え」に基づいて改善され

ています。

　保健学習の最初の内容である「毎日の生活と健康」の「ア　健康な生活とわたし」において，『学習指導要領解説』では，「健康の状態には，気持ちが意欲的であること，元気なこと，具合の悪いところがないことなどの心や体の調子がよい状態があることを理解できるようにする。また，健康の状態には，1日の生活の仕方などの主体の要因や身の回りの環境の要因がかかわっていることを理解できるようにする。その際，<u>心や体が健康であることは，人とかかわりながら明るく充実した毎日の生活を送れることにつながり，健康がかけがえのないものであることにも触れるようにする</u>」（下線は筆者）ことが示されています。健康そのものの定義は難しいのですが，保健学習のスタートにあたって，下線部がきわめて重要であることをおさえることから，保健学習がスタートします。このことが，保健学習の「1丁目1番地」といえるでしょう。

　② 授業づくりで考慮すべきポイント

　先に，保健で学習したことはふだんの生活で生かすことができるようにすることが大切である，と述べました。そのために，2つのキーポイントをあげます。一つは，実感を伴った学習をするということです。「本当に〇〇だ」という実感は，心に刻み込まれるはずで，単純な記憶にとどまらないでしょう。そのため，小学校の保健の学習では，身近な生活における健康・安全に関する基礎的な内容について，より実践的に理解できることを大切にしています。つまり，活動を通して実感できるように学習することが求められます。例えば，4年生で扱う「育ちゆく体とわたし」では，自分を大切にする気持ちを育てる観点から，自分の体の変化や個人による発育の違いなどについて自分のこととして実感し，肯定的に受け止めることが大切であることに気づかせるよう配慮することが重要です。ちなみに，中学校では，個人生活における健康・安全に関する内容については，より科学的に理解できるようにします。そして，高等学校では個人生活及び社会生活における健康・安全に関する内容について，より総合的に理解できるようにすることをねらいとしています。

　二つめとしては，身に付けた知識を活用した課題解決的な学習を取り入れる

ことです。健康に関する課題は，人それぞれ違います。ですから，正しい知識を学ぶだけでなく，自分に合った解決の仕方を見つけていくためにも，習得した知識を活用する学習活動を積極的に行うことにより，思考力・判断力等を育成していくことも保健の学習ではきわめて重要です。ただし，配当時間は限られていますので，その中で行えるように活用に当てる内容を絞ったり，重点的に取り扱う時間を決めたりして計画します。『学習指導要領解説』をよく読むと「〇〇を理解できるようにする」「〇〇も触れるようにする」という表現が見られます。中核的な内容は理解する必要がありますが，後の学習で深く学ぶ内容については，触れるようにする程度であることを確認しておいてください。

　ふだんの生活を振り返り，自己の課題に気づくことで，自らの健康を適切に管理し改善していく資質や能力の育成を目指した授業が実践されることが期待されます。

（白旗和也）

「保健の学び」と「保健指導」の違い

　学校で行われる保健教育は，大きく分けて保健学習と保健指導があります。保健学習は体育等における教科としての保健教育をいいます。例えば，体育科の保健領域（小学校），保健体育科の「保健分野」（中学校），「科目保健」（高校），関連教科における保健に関する学習，総合的な学習の時間における「健康」に関する活動があります。保健学習の目的は，健康に関する基礎的な知識，理解を深めるために，健康の科学的な原理・原則を学び，さらに適切な意思決定や行動選択ができる能力を育成することです。保健学習は，学習指導要領に規定された内容を一定の学年の限られた時間に集団的に行われます。

　一方，保健指導は，学級活動や学校行事，児童会・生徒会活動，クラブ活動，日常の学校生活における指導，保健室や学級における個別指導等，教科外の保健教育のことをいいます。保健指導の目的は，児童生徒一人ひとりが，健康に関す

る原理・原則を適用し，健康を保持増進していくための具体的な対処方法や態度を身に付け，習慣化を図ることです。学校における保健指導では，個人及び集団を対象に，養護教諭その他の職員（学校保健安全法第9条），学校医，学校歯科医，学校薬剤師等の学校関係者によって行われます。集団を対象とする保健指導には，インフルエンザやノロウイルス等の感染症予防，熱中症等，季節に応じた内容を計画的に行う方法があります。一方，保健学習で学んだことをもとに，さらに児童生徒一人ひとりの実態に合わせた内容として深化させていく方法もあります。

　例えば，小学5年生を対象とした「心の健康」に関する保健教育を例にあげます。紹介する実践例は，養護教諭が日々保健室に来室する児童と接するなかで気づいたことを保健教育に生かした内容です。保健室に来室する児童の中には，不安や悩みによる心理的ストレスで体調を崩していると感じる児童もいます。そのなかには，友人同士で解決できる，または解決すべきであると考えられる不安や悩みをもつ児童もいます。そのような児童に対して，互いに協力し，支え合っていくことの大切さを気づかせたいと考えました。まず保健学習において，自分の心の健康を知ることを目的に，学習指導要領に基づき「心の発達」「心と体のつながり」「不安や悩みがあるときの対処法」について指導しました。その後，心の健康を維持していくためには，互いの支え合いも大切であることを気づかせる目的で，特別活動において，友人の心を明るく元気にするための相談活動の体験を計画しました。同時に，この保健指導では，悩みや不安を抱え，困っている友人に対して，自分ができることは何かについて考えさせる時間としました。具体的には，相談活動の悪い例と良い例の映像を見て比較させたり，良い例を参考に，事例を用いて相談活動を体験させたりしました。多くの児童は，照れながらも事例にそった相談活動に取り組んでいました。児童の感想には，「話を聞くということがこんなに難しいとは思わなかった」「聞くよりも自分がいっぱい話してしまった」「聞いてもらえるだけでスッキリするから，悩んでいる友だちがいたら，話を聞いてあげたい」等がありました。この集団を対象とした保健学習，保健指導の終了後も，児童たちが互いに支え合っていくための態度や技術を育成するために，保健室における相談活動や保健委員会等，さまざまな場面を通して，継続的に個別に支援していくことを試みました。

　実践例のように，保健教育で重要視すべきことは，子どもたちのさまざまな健康に関する場面や機会を大切にし，それらの特長を保健教育に生かしていくことです。そして，保健教育で学んだことが，子どもたちの日常生活に適用され，実践されるように指導の計画性，継続性，蓄積性を大切にしていくことです。

(齊藤理砂子)

2 「感じ」と「気づき」を大切にした保健の授業づくり

(1) 体育における保健

　ある会合で養護教諭養成課程の先生にお会いしたときのことです。その先生から、「体育教員を養成する健康スポーツ科学講座でも学校保健を指導できる大学の教員を採用してくれませんか？」としきりに言われました。大学でも教員が減少するなか、私たちの講座には21人の体育の教員がいます（通常の国立大学では7人前後）が、保健科教育を担当する教員は0人で、保健の授業にかかわる講義は非常勤講師にお任せか、養護教諭課程の先生にお任せになっているのが現状です。また、その時に、体育専攻の学生は、「骨や筋肉のことには興味があっても、健康には……」という話もされました。この話は初等体育科教育法を担当する私にとっても身につまされる話で、私自身の認識を振り返ると反省せずにはいられませんでした。

　このような実態から、体育の授業の中で「適切な運動の経験と健康・安全に関する理解」をと言いながらも、「運動」を中心に体育の学習を考えていることが示唆されます。また、「心と体を一体としてとらえ」と言いつつも、身体的側面の行動体力に焦点化して体育の授業づくりが考えられてきたことをうかがい知ることができます。

　しかし、体力テストで測定できる体力は、昭和60年代に比べれば低下傾向にありますが、昭和40年代と比べては低いとはいえず、野井（2007）が述べるように体力低下の実感は、行動体力よりも防衛体力の低下によって実感されていることも示唆されます。これは、体育の体力低下問題が、運動能力というよりも保健の学習にあることを示しています。それにもかかわらず、学習指導要領に「体力の向上」が体育科改訂の要点として示され、運動を中心にしながら、体力・運動能力の向上に躍起になって取り組んでいる様子も見られます。結局、

保健の学習は，おろそかになったままであるといえます。

　保健の授業は，「雨降り保健」などと揶揄され，その取り組みは批判されてきましたが，このように「運動」か「保健」かといったフレームで体育を語ること自体，「心と体を一体として」とらえていないと考えられます。心身一如という立場から考えれば，「運動領域」と「保健領域」の密接な関連ととらえることが可能であると思われますが，心身一元論という立場に立った場合，心を保健で，体を運動でと考える立場を否定し，心と体を不分離なものとしてとらえ，分けがたい内容として考えることになるので，ある活動を通して学ばれる一現象としてのみしかとらえることができなくなります。

　そこで，「体育」というフレームから考えれば，ある活動には，座学であろうが，身体活動であろうが，そこには，「運動」と「保健」という両側面が含まれ，これらが学ばれていくということを考えるべきであると考えています。そのようなことから考えれば，グラウンドや体育館で行うのが運動領域で，教室で行うのが保健領域というフレームを解体し，それらは常に一体になった構造をもつカリキュラムとして構築されていくべきものと考えます。

　したがって，本書で述べる保健の学習とはこのように座学に限ったものではないことを前提としています。

(2) 健康の「感じ」と「気づき」

　かんぽ生命が，全国の20〜59歳の男女を対象として2010年に実施した「健康づくり・健康意識調査」では，「今年一番大切にしたいものは？」という問いに対して，33.1％の人が「健康」，次いで32.1％の人が「家族」と回答しています。この２つの回答が３位の「お金」（15.4％）を大きく上回っています。また，2009年に全国の16歳以上の男女を対象に実施した「健康に関する世論調査」でも，「健康に気をつけている」という回答が80％を超えています。このようなことから考えると「健康」が，生活の中で価値あるものとして位置付いていることがわかります。

　ところで，どちらの調査でも40代から大きな傾向の違いが生まれてきます。

それは，健康の価値が急上昇を見せるのと比例するかのように，「健康ではない」（体調面）という回答が増加しているということです。裏を返せば，「健康でない」という感じとともに「健康でありたい」という願いが生まれ，健康への意識が高まっているといえます。

　健康であるという「感じ」はなかなか得にくいものですが，「不健康である状況」におかれることによって，現実の中で身にしみて「感じ」，その重要性と予防に「気づく」ことになります。皮肉なことに，「健康に生きる」ことを「不健康になること」によって学ぶのです。しかし，そうなったときにはすでに遅いのです。人が健康で生きるということは，車を修理するように部品を取り換えるような二元論的な健康観では解決することができないものです。その人の生き方そのものを問うような一元論的な健康観に立ち，これからを見つめていかなければならないのです。

（3）健康の「ため」に……

　多くの小学生にとって，「健康」という言葉はピンときません。それは，「体調のおかしさ」を感じている子どもが少ないからです。つまり，健康で生きているというありがたみのようなものを感じていません。

　そのことを私は実感しています。私は走ることが大好きです。プールを前にした子どもが，準備運動も忘れ，プールに一目散というのと同じような感じで，「走る」ことばかりに興味・関心がいき，身体のケアには無頓着だったように思います。その結果，今は，運動をすると膝が痛くなり，その痛みに苦しまされることもたびたびです。こんなふうになって，いままで当たり前だと思っていた走るということに，「走れる幸せ」を痛感しています。

　このように生涯にわたって健康に生きるということは，「将来」を考えて生きるということなのかもしれません。実際，今だけよければいいわけではなく，これからもよりよく生きるというために，小学校や中学校の保健の授業では，「健康のため」に，不健康を感じないための「勉強」が行われています。しかし，これは「いつかは使われるであろう知識」として頭の中に蓄えられていくよう

な学習です。ないよりは持っていたほうがよいであろう知識を詰め込んでいるようなものです。

そして,「よい／わるい」「する／しない」など二項対立的に内容が教えられている現状にあるように思います。例えば,アルコールを例にとって考えてみましょう。

一般的に,学校では,アルコールの害について学び,「飲みすぎはよくない」ということを学びます。しかし,これは本当でしょうか。私は,病気を患った際に,病院で,先生に飲酒の可否について尋ねたことがあります。その回答は,「(お酒が好きなあなたにとって) 飲まないで我慢していることは,飲まないよりもよくない」ということでした。私としては,「飲んではダメ」と医者から言われればあきらめがつく,というくらいの感じで尋ねたわけですが,その回答を聞いて,結局はつきあい方だと感じました。しかし,二項対立によって行為を意味づけるような授業展開では,飲酒・喫煙は,「よくない」とみなされるわけです。このように「恐怖心」をあおり,不健康と関連づくものを,生を脅かすものとして意味づけていくことで,「触れさせない」「かかわらせない」教育を進めているといえます。

しかし,本当に私たちは,そういったものとかかわりをもっていないのでしょうか。こういった学びを生活の中で「感じ」て「気づき」,知識を構成していくような授業づくりが,よりよく生き続ける学習者にとって必要なのではないでしょうか。

(4) 保健を学習する意味

世界保健機関(WHO)憲章(1946年)では,「健康とは,完全な肉体的,精神的及び社会的福祉の状態であり,単に疾病又は病弱の存在しないことではない (Health is a state of complete physical, mental and social well-being and not merely the absence of disease or infirmity.)」と定義しています。さらに,アメリカのハルバート・L・ダン博士は,1961年に健康の定義 (Well-being) を発展的に解釈し,ウェルネスを提唱しました。これは,「まったくの健康で

輝くように生き生きしている状態」のことを指します。ウェルネスとは，栄養，運動，休養の調和を図り健康づくりを行うことがその目的の一つですが，単に身体の健康づくりばかりでなく，日常の行動様式と生活態度を変容し，自分自身に適合した最高のライフスタイルを築くことを究極の目的とし，より充実した幸福な人生を得ていこうというものです。

　私たちにとって今をよりよく生きるということは，社会的な相互作用の中で，よりよいライフスタイルを形成していくということではないでしょうか。この「よりよさ」とは「良い加減」なわけであり，それを学び，実践していく必要があります。

　例えば，持久走の例を取り上げたいと思います。健康によりよく生きていくために持続する力を身に付けることは大変重要です。しかし，小学校では，陸上競技としての長距離走の扱いはなく，持久走のみしか取り扱われていません。したがって，速さを競い合ったり記録の達成を求めるような指導は実践されないと考えられますが，実際には長距離走の影響を受けた活動が展開され，教師たちは，「やりすぎる」子どもたちへ大いなる賞賛を与えています。すなわち，苦しくてもがんばり続けることに高い価値を与え，過度な身体活動を助長しているのです。健康というのは，「良い加減」でなければならないはずが，学習というパラダイムが，「獲得」に支配されることによってこのような状況が生まれているわけです。

　従来，体育における学習は，動きの獲得や身体機能の向上であるととらえられてきたといってもよいでしょう。すなわち，体力を高め，運動能力を向上させることが体育の学力ととらえられ，この体力"値"が高ければ，運動によりよくかかわれると考えられてきました。また，過激なまでの若年スポーツ熱の高まりや利得優先の商業スポーツも拡大し，子どもの体力"値"の向上をあおってきたように思われます。このような中で生まれる量的な体力・運動能力の違いは，小学校や中学校などの体育的環境の中で子どもに，相対的に体育における学力が高いとか，低いと感じさせることにもつながり，「運動に興味をもち活発に運動をする者とそうでない者に二極化」（文部省，1999）している現状

を拡大させてきたといってもよいと思います。

　この学力観にあっては，学習とは，状況と文脈に関係なく，技術や知識を獲得することであるといえます。しかしながら，学習とは，社会的な相互作用の中で成立しており，単なる教師から子どもへの伝達ではなく，子どもが授業という場で心と体を一体として学習課題に向き合い，学習を構成していくものといってもよいでしょう。このような立場では，子どもが学習しているその事実を体育授業の場でかかわる身体による表現の行為とみなし，常に授業という場と相互作用して生成される身体に学習行為を見出すこととなります。すなわち，単に現象としてとらえられる外側から可視化できる行為のみならず，その行為を支えるエネルギーになっている運動の意味の生成を重視し，学習としてとらえていく必要があります。

　なお，運動の意味とは，「自分探し」としての学習において現実性と可能性の差異を本質とし，自己を内破していくようなエネルギーとして生成され，授業におけるコミュニケーションを通し，変容しながら，学習を拓いていくといえます。簡単に言えば，自己理解に基づく「なりたい自分」が明確になり，それに向かっていこうとする納得了解された動機づけといえます。したがって，運動の意味によって学ぶことは意味付与され，生きて働く力となって機能すると考えられます。

> 意味付与され，「なりたい自分」が明確になれば，探求していく身体はおもしろさを「感じ」て「気づき」へと向かっていく。

（5）「感じ」と「気づき」を大切にした保健の授業づくり

　保健については，「生涯を通じて自らの健康を適切に管理し改善していく資質や能力を育成するため，一層の内容の改善を図る。その際，小・中・高等学校を通じて系統性のある指導ができるように，子どもたちの発達の段階を踏まえて保健の内容の体系化を図る。また，生活習慣の乱れやストレスなどが健康に影響することを学ぶことが重要であり，健康の概念や課題などの内容を明確

に示すとともに，心身の発育・発達と健康，生活習慣病などの疾病の予防，保健医療制度の活用，健康と環境，傷害の防止としての安全などの内容の改善を図る。特に，小学校低学年においては，運動を通して健康の認識がもてるよう指導の在り方を改善する」としています。

　低学年では，「運動を通して」と示されていますが，「何を」媒介にして「感じて」いくかということに，カリキュラムの系統性を見出すことができます。小学校段階では自分自身の経験を振り返って「感じ」，中学校段階では自分より少し外側の身近な世界を共有して「感じ」，高校段階では社会的文脈の中から眺めて「感じて」学び，知への「気づき」を促していくといえます。これが，本書で述べる「感じ」と「気づき」を大切にした保健の授業づくりの基本です。

（鈴木直樹）

〈参考文献〉
野井真吾（2007）「『子どもの体力低下』の"実感"の"実体"」（平成18年度　埼玉県体育学会報告（シンポジウム））『埼玉体育スポーツ科学』第3巻, p.58
文部省（1999）『小学校学習指導要領解説　体育編』

3 「感じ」と「気づき」を大切にする「保健」の内容

(1)「保健」の内容がなぜあらためて検討されなければならないのか

　保健領域の内容とねらいについては,『小学校学習指導要領解説　体育編』(平成20年8月,以下『学習指導要領解説』)の中に示されています。そこに内容が示されているにもかかわらず,なぜ,ここでこの稿を起こす必要があるのでしょうか。

　それは,「感じ」と「気づき」を大切にする「保健」の授業が,『小学校学習指導要領解説』に示される既存の内容をはじめから絶対の真として子どもに教え込む(下線は筆者,以下同)という立場をとっていないからなのです。

　このことは,学習指導要領に示された内容を教えないということではありません。ある事実を人が学ぶ,人が「知の構築」をするあり方を私たちは,銀行にお金をためていくように,教師が知識を児童に教え込むことによって子どもの中に知識がたまっていくとは考えていないのです。私たちは,学習を社会的な相互作用の中で成立するものと考えます。ですから,単に教師から子どもへ伝達するのではなく,子どもが身体を授業の場に投企して学習を構成していくものと考え,その中で子どもが全身で学んでいくことの中に「知の構築」を見ているのです。

(2) 保健における「知の構築」とは何か

　「『感じ』と『気づき』を大切にする体育」の学習観は,「学習とは,社会的な相互作用の中で成立しており,単なる教師から児童への伝達ではなく,子どもが身体を授業の場に投企して学習を構成していくもの」という学習観の上にあります。

　この学習観を「保健」学習において考えると,どのようになるでしょう。

子どもが自分を取り巻く環境に全身で働きかけ，全身で感じたことを授業の参加者と吟味し合う相互作用を通し，何かに気づき，それを言語化し，自分の生き方をも問い返すような活動，として考えてみたいと思います。
　このような学習のイメージで授業を構成する具体的方法は多様に考えられるかもしれませんが，「知の構築」とは何かということを考えるために，一つの授業をイメージしてみたいと思います。
　① 授業をイメージする
　例は，5年生「心の発達」の授業です。教師と児童は，赤ちゃんから大人までの人の心はどのように発達するのかを考えるという課題に取り組んでいます。教師は，自分たちの心が発達してきたことはぼんやりとわかるが，どのようにすれば自分たちの心が発達してきたこととこれから発達することをはっきりと知ることができるだろうかと問いかけ，児童と意見を出し合います。話し合いの中で一つの行動「お金を人からもらう」に対する人の行動の変化から心の発達を読み取ろうという意見が採用されて授業が進みます。
　教師は右のような絵を黒板にかきます。
　「赤ちゃんがお年玉をもらっているところです。赤ちゃんはこの後どうすると思いますか？」教師も含め授業の参加者は自分の生活経験の中から赤ちゃんのこの後の行動を予想します。赤ちゃんについての意見が出きったところで，「3～4歳の子どもだったら？」「5年生（10～11歳）だったら？」「大人（お父さん・お母さん）だったら？」と考えていきます。授業の参加者はそれぞれの年代について，例えば「お金の意味がわからず，破く，口に入れる」「一万円札1枚より千円札3枚が欲しいと言う」「ゲームやマンガなど自分の欲しいものを買う」「貯金する。お金を増やそうとする。家族のために使う」など，自分の生活経験の中で得た「感じ」（ここでは視覚・聴覚ですが）を発表することになるでしょう。この年齢の変化に伴う行動の変化を通して，授業の参加

者はどんな「気づき」をもつでしょうか。お金に対する認識が発達することに気づく，あるいは，自分のためだけにお金を使うということから自分以外の人のために使うという社会性の発達に気づくかもしれません。ここで授業者が他の参加者との意見交換の中で気づき，それを言語化することに一つの学びをみることができます。

② 授業の参加者が得た「知」とは何か

少し授業の展開に踏み込んでしまいましたが，参加者が得た「知」とは何かが，ここで書きたいことの本質です。

心の発達の授業を行うにあたり，心が発達するという事実を子どもに示し，説明していく授業を行った場合，心が発達するという事実（言葉）を子どもは覚えるでしょうが，ここで得た知識が他の学習に転移したり，子どもの生き方に影響を与えたりする可能性はきわめて低いものにとどまるでしょう。

しかし，授業の参加者として心の発達について共に追究して得た「知」をもった児童は，心の発達をさらに調べるために「お金をもらう」以外の他の行動を年代ごとに追ってみようという意欲をもつかもしれませんし，大人になるにつれ社会性が発達することに授業の中で気づいた児童は自分の生き方を振り返り，自分の社会性は発達してきているのか，人のために行動できているか反省するかもしれません。

このように，児童が自分の経験を通して感じ取ってきたものを授業の中で吟味し合い気づいたもの，言い換えるならば，学びの過程で自らつかみ取った「知」には，血が通っていると言えるのではないでしょうか。この血の通った「知」をつくり出すことが保健における「知の構築」であり，「感じ」と「気づき」を大切にする保健学習の目指すものなのです。

（3）保健領域の内容

ここではそれぞれの保健領域の内容（『学習指導要領解説』）を示し，その内容について「感じ」と「気づき」を大切にするという視点から検討を加えてみたいと思います。

> ア　毎日の生活と健康
> 　毎日の生活と健康については,健康の大切さを認識するとともに,家庭や学校における毎日の生活に関心をもち,健康によい生活を続けることについて理解できるようにすることがねらいである。
> 　このため,本内容は,健康の状態は,主体の要因や周囲の環境の要因がかかわっていること,健康に過ごすには,一日の生活の仕方が深くかかわっていること,生活環境を整えることなどが必要であることを中心として構成している。

　いままで書いてきたように「感じ」と「気づき」を大切にする保健授業においては,教えるべきことが先にあるわけではありません。ここに書かれている「健康の大切さを認識」することも,子どもたちが自分の「感じ」を大切にし吟味する中で「気づく」ものであり,教え込むことではありません。自分の生活を振り返り「本当に健康は大切なのか」を問いかける授業をつくりたいものです。

　また,健康は不健康との対比で感じることしかできないように思います。自分の小さな不健康を自分の行動や生活環境に働きかけることによって改善し,そのときに起こってくる心地よさを味わうような活動を総合的な学習の時間の中で取り上げ,そこで得た「感じ」をもとに授業を進めるのも一つの方法だと思います。

> イ　育ちゆく体とわたし
> 　体の発育・発達については,年齢に伴う変化及び個人差,思春期の体の変化などについて理解できるようにすることがねらいである。
> 　このため,本内容は,体は年齢に伴って変化すること,思春期になると体に変化が起こり,異性への関心も芽生えること,体をよりよく発育・発達させるには,調和のとれた食事,適切な運動,休養及び睡眠が必要であることなどを中心として構成している。

　いままで自分の体や友だちの体に起こってきた変化を「感じる」ことが,ここでは大切な内容になると思います。なんとなく気づかずにいた自分や友だちの体の変化を感じる工夫が授業のポイントとなる内容です。

この学習においても「体をよりよく発育・発達させる」ことをはじめから大切なこととして教え込むのではなく，「自分はどのように生きたいのか」と考える中で「体をよりよく発育・発達させる」ことの意味に気づく授業をつくりたいものです。

> ウ　心の発達
> 　心の健康については，心は年齢と共に発達すること及び心と体は相互に影響し合うことについて理解できるようにするとともに，不安や悩みへの対処について理解できるようにすることがねらいである。
> 　このため，本内容は，心はいろいろな経験を通して年齢に伴って発達すること，また，心と体は相互に影響し合うこと，さらに，不安や悩みの対処にはいろいろな方法があることなどを中心として構成している。

自分の心の発達を感じるために，小さい頃の絵や字，小さい頃やっていた行動を保護者から聞いてくるなど，いろいろな授業の工夫をしたい内容です。そのうえで心が発達するとはどういうことなのか，心が健康であるということはどういうことなのか，教師を含め授業の参加者全員で考えてみるのもおもしろいかもしれません。不安や悩みがないのが心の健康でしょうか。不安や悩みのない環境で育てば心が健康になるのでしょうか。

> エ　けがの防止
> 　けがの防止については，けがが発生する原因や防止の方法について理解できるようにするとともに，けがの簡単な手当ができるようにすることをねらいとしている。
> 　このため，本内容は，交通事故や身の回りの生活の危険が原因となって起こるけがなどを取り上げ，けがの起こり方とその防止，さらには，簡単な手当ができるようにすることなどを中心として構成している。

ただ漫然と生活をしていたのでは「感じ」は生まれてきません。意識的に自分のまわりの環境に働きかけること，例えば，「自分たちの身の回りで起きて

いるけがを調査する」ときにはじめて何かを「感じ」，その「感じ」を吟味する中で「気づき」が生まれてきます。しかし，より大切なことは，教師や児童が意識的に自分のまわりの環境に働きかけたい（調査したい）と意欲をもって取り組めるような目標を授業の参加者と共につくり出したうえで調査することです。

> オ　病気の予防
> 　病気の予防については，病気の発生要因や予防の方法，喫煙，飲酒，薬物乱用が健康に与える影響を理解できるようにすることがねらいである。
> 　このため，本内容は，主として病原体が主な要因となって起こる病気と生活習慣病など生活行動が主な要因となって起こる病気の予防には，病原体を体に入れないことや病原体に対する体の抵抗力を高めること及び望ましい生活経験を身に付けることが必要であること，喫煙，飲酒，薬物乱用などの行為は，健康を損なう原因となること，地域において保健にかかわるさまざまな活動が行われていることなどを中心として構成している。

「感じ」と「気づき」を大切にするということは，ただやみくもに何かの経験をさせ，「感じ」させればよいということではありません。例えば，ここで学ぶ，「病原体が主な要因となって起こる病気は，病原体を体に入れないことや病原体に対する体の抵抗力を高めること」で予防できるという「科学的な知識」は，ただ病気の時に感じたことを吟味して「気づく」ようなものではないからです。では，どのようにすればよいでしょう。一つには，「科学的な知識」を，逆に生活の中で体験している「感じ」で問い返すことが考えられます。例えば，「かぜの病原体を体に入れないようにして寒い思いをするとどうなるか」を討論するのです。寒い思いをするとかぜをひくのか。体内にかぜの病原体が入ることでかぜをひくのか。討論の中で，病原体，環境，体の抵抗力の関係と自分たちの経験が結びつくことが考えられます。そこで，病原体が主な要因となって起こる病気は，病原体を体に入れないことで予防できるという「科学的な知識」に自分たちの経験を通して血が通い始めることになるのではないでしょうか。

　　　　　　　　　　　　　　　　　　　　　　　　　　（小野かつき）

4 「感じ」と「気づき」を大切にする「保健」の展開

(1) かかわりを大切にした学習過程

① 「消費の学び」から「生成の学び」への転換

　保健領域の授業では，健康・安全に関する知識の習得がすべてであるようにとらえられ，教師が正しい知識を伝達していく時間としてのイメージが強いのではないでしょうか。ある決められた内容を教科書やワークシートにしたがって伝達していく時間です。このような教師と子どものかかわりをベースとした保健の授業は「雨降り保健」という言葉があるように否定的なイメージがつきまとい，教師や子どもにとって魅力的な時間とはいえないでしょう。このような単なる情報の伝達としての学びは，子どもにとっては「消費される対象」としてとらえられ，自分のものとしては残りにくいのではないでしょうか。ふだんの生活において生起しているであろう，生活安全に関する自分たちの「感じ」や「気づき」は，あらかじめゴールが設定されている「消費の学び」からは実感することはできないでしょう。

　子どもたちは，さまざまな家庭環境の中で生活しています。例えば，家族構成や健康に関する意識，食生活などそれぞれが異なっています。したがって，それぞれがもっている健康・安全に関する価値観も異なっていることが当然といえます。そのように，すでに異なる価値観をもった子どもたちに，決められた知識や価値観を単に一方的に伝達する学習過程には無理があるように感じます。むしろ異なる価値観や考え方を生かして授業を構成していく学習過程のほうが自然な流れであり，他人事ではない「自分事」として考えられるのではないでしょうか。異なる価値観や考えを持ちより，自分たちがそれまでもっていた価値観や考えを再構成し，新たな価値観を生み出していく営みです。これは，先に述べた「消費の学び」に対して「生成の学び」といえるのではないでしょ

うか。「生成の学び」には，健康・安全に関する「感じ」や「気づき」が実感しやすく，知識の伝達に終始しがちな保健領域の学習においてもこのような学習観の転換が必要であると考えています。

つまり，学習とは，教師による伝達で何かを「獲得」していくことではなく，子どもたちが授業においてかかわりながら何かを学び合ったり，何かを創造していったりすることととらえたいと思います（鈴木，2008）。

② 「かかわり」の内容

ここでは，「生成の学び」を可能にしていく学習過程として，かかわりを大切にした展開について提案したいと思います。鈴木（2008）は，「授業で取り組む運動における文脈への矛盾，葛藤を共同体におけるかかわり合いによって生み出していく中で，運動の意味を生成していくという学習過程が展開され，新たな文脈が生成され，それから繰り返されていく学習過程も構想可能」と体育におけるかかわりの重要性を指摘しています。

岡田（2006）は，教育における「かかわり」を4つの類型（権力，権威，認知葛藤，受容）に分類しています。ここでは，「これまであたり前だと思っていた世界を，違うものと出くわすことによって吟味しだす，自分の世界の自明性に批判の目をむけて吟味しだす」段階である「認知葛藤的かかわり」を手がかりに考えてみたいと思います。岡田（2006）は，参加者同士の対等な関係が前提である「認知葛藤的かかわり」を「『他者』，すなわち異なる精神との驚きを伴う出会い」と説明し，「他者の異質性がもたらす衝撃がその作用の原資であるから，異質性を打ち消すような関係は認知葛藤を起こし得ない」と他者の異質性が重要であることを指摘しています。また，「本質的には子供たちが所与の思考様式を突破していくことを促すものである」と述べています。つまり，自分とは異なる考えをもった異質な他者とのかかわりによって自分たちの世界を吟味し，再構成していく営みであるといえます。保健の授業に引き寄せて考えると，これまで当たり前だと思ってきた健康に関する知識や考えを自分たちで吟味し，問い直していく過程のかかわりということになります。まさに「生成の学び」といえるのではないでしょうか。

具体的な場面で考えてみます。私が6年生に行った「タバコの害」を考える授業では，共通の具体的な知識を与えていない段階で，まず「自分が大人になったらタバコを吸う」「自分は吸わない」を選択し，次に「まわりの人が吸っていてもよい」「まわりの人も吸ってほしくない」という4つの段階に分けて意見交流を行いました。授業の中では，さまざまな意見が交わされました。例えば，「自分は健康でいたいからタバコは吸わないが，まわりの人は別に吸ってもかまわない」という考えや「興味があるので一度吸ってみたい」などそれぞれの知識や興味に基づいて考えが交流されました。これは岡田のいう「自分とは異質な考え方の相手との出会い」です。授業では，友だちの意見を聞きながら自分の意見を変えることも認めました。すると，最初に表明した意見から考えが変わっていく子どもが出はじめました。そして，実際にタバコにはどのような害があるのかということに関心が向きはじめました。それぞれが知っている知識を紹介したり，親から聞きかじったことを発表したりしながら，教師が用意した喫煙がもたらす疾病や受動喫煙の害などの資料を紹介し，その資料をもとに話し合うことを行いました。

　そのような知識を得た段階で，もう一度自分の意見を見直し，全体で交流するということを行いました。その過程で，多くの子が受動喫煙の知識を得たことで，「まわりの人にも吸ってほしくない」という考えに変わりました。しかし，そのような中でも「一度は吸ってみたい」という考えをもった子が数人いました。授業ではこのような考えも認めることになります。それは，「タバコは絶対悪だ」というあらかじめ決められた絶対的価値を設定していないからです。現に子どもたちは，喫煙がもたらす害などの知識を得て，また，自分と異なる考えをもつ他者と接してもなお，自ら意思決定して自分の意見を表明していました。しかし，その子たちは「吸い続けることはしたくない」「受動喫煙は嫌だ」という4つには分類できない意見をもつにいたりました。これまでになかった価値観を他者とであう中で生成していったととらえられないでしょうか。単に知識を獲得するだけでなく，自らの意思決定で対象とかかわり，学習内容を追究していくことに意味があると考えています。

このような学習過程は，かかわりを大切にすることによって，ある決まった価値観を共有する方向に向かうのではなく，異質な他者（価値観，知識）とのであいによって，自分の考えを再構成し，学びを生成していく過程といえます。

　「知識」や「技能」が大切であることは言うまでもありません。しかし，教科書や資料を，獲得すべき知識が詰まったツールととらえるのではなく，学びを生成していくために活用できるツールととらえてほしいと思います。

（2）「感じ」と「気づき」を大切にした学習過程

① 保健と運動を関連させた展開

　中央教育審議会答申を受け，学習指導要領（平成20年告示）には「豊かなスポーツライフを実現することを重視し改善を図る。その際，心と体をより一体としてとらえ，健全な成長を促すことが重要であることから，引き続き保健と体育を関連させて指導することとする」と示されています。

　つまり心身一体の「からだ」を丸ごととらえ，身体が味わう「感じ」を伴った保健の授業を展開していくことが求められていると理解します。したがって先に述べた「教師による一方的な知識の伝達」では，身体が味わう「感じ」を伴った保健の授業展開はできないでしょう。

　では，どのような展開が可能でしょうか。例えば，私の勤務校では，「体育」を「からだ」という学習分野名で表し，心と体が一体となった実践，具体的には，運動領域と保健領域を融合した実践を心がけています。そのような考えのもと，私の勤務校では，低学年から保健領域を意識した授業を実践しています。

　例えば，低学年では運動領域と保健領域を合わせた授業として，運動後のお互いの心音を聴きながら主観的な運動の「感じ」と比べたり，より強度の高い運動はどのようなものがあるか実際に動いて「感じ」を確かめたり考えたりする授業を行っています（高木，2005）。授業の詳細は，第4章に収録されている「ハート大作戦！」（47ページ）をご覧いただきたいと思います。

　この実践のほかにも，私の勤務校では，動きの「感じ」と「気づき」を自分の身体に働きかける実践を試みています。そのような実践のなかでは，ふだん

運動するなかで感じている「感じ」を確かめることで自分の身体への変化に「気づき」，今後の学習に生かしていくきっかけとなっていく姿を見取ることができます。

② 具体的な「感じ」から「気づき」を促す展開

保健領域で扱う健康・安全に関する内容は，身近なものであるとはいえ，なかなか「自分事」として実感することが難しい面もあります。したがって，授業を展開する際には実際の「感じ」が味わえる工夫があるとわかりやすいと考えます。先述した聴診器などもそうですし，視覚的に工夫された学習材も多くあります。先ほどのタバコの授業でいえば，実際に口から入った煙がどのようにして肺に入っていくかを示した模型も有効に生かすことができました。また，高木（2011）は，「けがのススメ」という実践のなかでふだん子どもたちがなにげなく通っている廊下の様子を撮影し，自分たちの感じていたことを想起させるとともに，その状況がいかに危険なことかに「気づき」を促す授業実践を行っています。その場で「感じ」を味わいにくいことにも教師の手立てによって迫ることができる一例としてあげたいと思います。

また，「感じ」と「気づき」を大切にした学習過程では，「自分たちの先を生きている大人」から学ぶことも有効であると考えています。そのようなモデルから一方的に価値を獲得するのではなく，実際の大人の姿や考えから自分たちのもっている価値観や考えに揺さぶりをかけ，見直していくことでの学びです。特に，子どもにとって常に一緒に生活してきた親は，価値観を築いていくうえで最も大きな影響力をもった存在です。「揺さぶり」をかけるにはこのうえない対象であると考えます。

(3)「感じ」と「気づき」を大切にした学習形態

保健領域の授業は教室で行うという概念を崩してみてはいかがでしょうか。一般的に教室の風景を思い浮かべてみます。そこには，黒板があり，教卓があり，黒板に向き合った机が規則正しく並び……と，このようなイメージを浮かべがちではないでしょうか。このイメージは，子どもに知識を伝達していくと

いう一斉教授を効率よく進めるシステムとしての「教室」であるように考えられます。
　しかし，教師と子どものかかわりから新しい世界を生成していくためには，少人数による議論やグループでの打ち合わせ，討論会などさまざまな学習形態が考えられます。ときには運動しながら行うことも考えられますし，親や地域の大人を巻き込んだ場も考えられます。そのためには，教室にとらわれずに時には外へ飛び出してみるのもよいかもしれません。
　また，個人の考えやグループの提案をワークショップ形式（中野，2001）で共有し，深めていくことも有効ではないでしょうか。ワークショップの学びにおける教師はファシリテーター（促進者）として機能しますが，この場合，ある決められたゴールに向かって誘導していく促進者ではなく，共有し深め合うことを促進していく役割と認識することが大切であると考えます。
　さまざまな学習形態を子どもたちと探りながらテーマを探求していくことも大切な営みかもしれません。もちろん「学習形態ありき」ではいけないことは当然ですが，子どもに合った学びの場を用意しておくことは教師の大変重要な役割になります。

（石塚　諭）

〈参考・引用文献〉
文部科学省（2008）『小学校学習指導要領解説　体育編』東洋館出版社
中野民夫（2001）『ワークショップ——新しい学びと創造の場』岩波新書
岡田敬司（2006）『かかわりの教育学』ミネルヴァ書房
鈴木直樹（2008）『関係論に立つ小学校体育の授業づくり』大学教育出版
高木悦子（2005）『からだをひらく』NPO法人お茶の水児童教育研究会
高木悦子（2011）「けがのススメ」『お茶の水女子大学附属小学校第73回教育実際指導研究会要項』

第 **4** 章

「保健」の授業実践

実践例の読み方

　この章では，さまざまな実践例を紹介していきます。小・中・高等学校を通じた保健学習の見通しをもてるようにしたいという意図から，保健学習の内容のまとまりごとに，小学校，中学校，高等学校それぞれの実践例を紹介しています。各実践例は，以下のような構成を基本としています。

1．探求したい内容……この授業を通じて探求したい保健の学習内容です。

2．指導上の工夫……子どもが探求したいおもしろさを「感じ」「気づく」ためための具体的な手だてを示しています。小学校の実践例については，どんな観点での工夫であるかを，以下の略称で表示しています。
　　学習過程の工夫…【過】　学習形態の工夫…【形】　学習評価の工夫…【評】
　　学習材（教材）の工夫…【材】　教具の工夫…【具】　教師の支援の工夫…【支】
　　マネジメントの工夫…【マ】　教師の声かけの工夫…【声】　その他…【他】

3．学びを見取るための視点（評価規準）……教師が子どもの学びを見取っていくための規準です。この規準を考えることで子どもの学びを見る視点が変わり，働きかけを工夫できます。

4．単元の流れ……単元の流れを大まかに表しています。

5．学びのあしあと（※小学校のみ）……子どもの学びのあしあとを，授業中の写真やイラストを交えながら授業者が報告しています。

6．授業を振り返って（※小学校のみ）……学びのあしあとを振り返り，子どもの学びを整理することで，授業改善への糸口を模索します。

「健康な生活」の実践例1 〔小学校低学年〕

"ハート大作戦！"（小2）

（低学年の保健学習）

1．なぜ低学年で保健を行うのか

　平成10年の学習指導要領改訂により，小学校3年から体育科に保健の学習内容が組み込まれることになった。改訂前の教育課程審議会が示した「教育課程の基準の改訂について（答申）」では保健の教育内容として，子どもが当面している健康問題への対応を強調している。具体的に健康問題とは，近年の成育環境，生活環境，疾病構造などの変化にかかわって深刻化している心の健康，食生活をはじめとする生活習慣の乱れ，生活習慣病，薬物乱用，性に関する問題である。このような健康問題を受け，小学校3年から保健学習がスタートされることになったわけだが，筆者の勤務校では，改訂前から保健学習は低学年から必要であると考え，実践してきた。保健指導が行われる特別活動の時間は，本校独自のカリキュラムの「創造活動」といういわゆる「総合的な学習の時間」に組み込み，養護教諭が，低学年の子どもに必要だと思われる体に関する学習を「創造活動」の活動単元の中に組み込んだり，特設した時間に指導を行ってきた。平成10年度には，このような蓄積をもとに，学校全体のカリキュラム開発研究において1年生からの体育に保健分野の学習内容を入れることになったのである。ここでのテーマは，「保健指導と教科保健の一体化」「子どもにとって学ぶ必然性からの学習内容の検討や教材開発」であった。小学校低学年の子どもたちにも，自分たちの心身や自分を取り巻く環境に興味・関心をもたせたいと考えたのである。

　本実践は，前述したカリキュラムの中で4年生が学習していた内容を，2年生向きにアレンジしたものである。本単元を設定したきっかけは，ある4年生の子が持久走大会の練習期間中に，保健室で「あんな苦しいこと，なんでするのか」と訴えてきたことである。長い時間走ることが苦手な子どもは大勢いる。それは，低学年でも同様である。低学年から運動と体の関係を考えることで，運動に向き合う気持ちがより前向きになってほしいと願っている。

2．探求したい内容

- 自分の体の働きや変化を感じ，興味をもって活動に取り組む。
- 運動で自分の体（心臓）を強くすることに気づく。
- 自分の体を意識して運動に取り組もうとする。

3．指導上の工夫

①見えない体を感じる
　見えない体の中を意識させるために，手作りの心臓の模型に触れたり，聴診器で自分や仲間，大人の心臓の音を聴いてみたりする。【具】

②子ども自ら活動を選ぶ
　自分の体にとって効果的な運動を，既習経験や好きな運動から自ら選び，楽しみながら探求できる設定にする。【過】

4．学びを見取るための視点（評価規準）

①自分の体について，興味をもって説明したり書いたりしている。
②運動に興味をもって活動に取り組み，さまざまなことを試している。
③心拍数など自分の体の変化を感じながら運動に取り組んでいる。

5．単元の流れ

回	テーマ	活動内容
1	体（心臓）の音を聴いてみよう	心臓の働きを知る。 自分や仲間の心臓の音を聴いてみる。
2	強い心臓をつくるための作戦を考えよう	人間と動物の心臓を比べる。 心臓の働きを強くする方法を知る。
3	"ハート大作戦"を実行しよう	心臓を強くするための作戦を考える。 作戦を実行する。

6．学びのあしあと

[第1時]
　【心臓の働きは？】2年生になって初めての保健学習なので，「今日は体の学習をし

ます」という説明を行い，学習が始まった。「今日勉強する体の部位のヒントを出します。音を聴いてください。どこの音かな？」。心音のテープを流すと，「おなかの音」「声」「心臓の音」という反応が子どもからあった。「心臓はどこにあるのかな？」と聞くと，右胸を指す子どもが多く，おなか（腹）を指す子どももいた。みんなで聴き合い，教師も参加して左胸にあることを確認すると，「確かにドックン，ドックンしている」「ドッ，ドッだよ」というやりとりが聞こえた。「心臓はどのくらいの大きさなのかな？　ジャンケンのグーをしてみましょう」と呼びかけ，子どもたちは握りこぶしをつくった。心臓の大きさは人の握りこぶしの大きさであること，心臓のサイズも個々に違うと説明した。子どもたちは，それぞれ新鮮な驚きをもってワークシートに記録していった。

　次に，スポンジで作った手作りの教材の心臓で収縮運動の動きを子どもに見せると，「これで血を送るのかな？」「ドックンドックンって，血を送っているのかな？」という声が聞こえてくる。そこで心臓の働きについての説明を行った。子どもからも「心臓は血を送る」「血は酸素（空気）を運ぶ」「心臓は手や足など体を動かすため動いている」という反応が返ってきた。さらに心臓の手作り模型を使いながら心臓から血を送るところを見せ，心臓は筋肉でできていること，心臓はポンプのような役目であることなど，心臓についてさまざまに意見を交流させた。

　【心臓の音を聴いてみよう！】その後，実際の音を聴いてみることを行った。まず，体に耳を当てて聴き合った。低学年ということもあり，活発に活動が進んだ。その後，聴診器を使って心音を聴く活動を行った。聴診器の扱い方の説明を聞いた後，隣の席の者同士でお互いの心音を聴き合った。聴診器を胸に当てるのを恥ずかしそうにしている女子の姿もあったが，初めて触る子も多く，どの子も興味をもって取り組み，いっそう盛り上がった。友だちの音だけではなく，自分の心臓にも目を向けてみた。初めて自分の心臓の音を聴く子どもはその速さに驚いていた。なかには心拍数を数えながら身体でリズムをとる子どもがいたり，声に出したりする子など，身体で感じて表現している子が多かった。

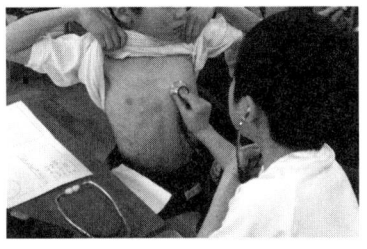

次に，心臓の動きが運動の程度で変化することを知るために，自分の手を開いたり握ったりして心臓の動きをまねながら心拍数の変化を表してみた。「席に着いて静かにしている時の脈は？」「ふつうに歩いている時は？」「マラソンの時は？」という教師の声に続き，子どもたちはグー，パーの速さを自然と速めていった。安静時と運動時の心拍数の変化を自然に表すことができていた。手の動きを止めてしまった子どもに「心臓が止まってしまったよ」と言うと，周囲の子どもから「死んじゃうよ」という声が出た。
　心臓はどのくらい動いているのかということを話題にしてみた。1時間の心拍数，1日の心拍数，1年間の心拍数と順番に計算をして板書すると，驚きの声が上がった。最後に，生まれてから8年間では何回かを計算して子どもに示すと，「心臓は疲れないのかな」「すごい」「働き者だ」という声が聞かれた。
　まとめとして書いた感想には，「心臓の音を聴けてよかった」「私の心臓ありがとう。疲れていてもがんばってね」「心臓はすごく働いていると思った。これからもがんばってね」「これからも休まず私の手や足に血を送り続けてね」などがあった。

[第2時]
　【心臓の速さは違う？】前時，子ども同士の心音を聴き合った時に担任の心音を聴いていた子どもがいたので，「先生のドキドキの速さは君と比べると違いがありましたか？」と質問することから始めた。「先生のほうが遅かった」と答えが返ってきた。確かに大人より子どものほうが脈拍は速いのである。もう一度，心臓の大きさは自分の握りこぶしの大きさであることを確認する。すると「そうか，先生の心臓のほうが大きいんだ」という気づきが聞かれた。
　「では，人間よりもっと大きな動物はどうなんだろうね？」と，ゾウの写真を提示した。「人間と比べて速いか遅いか予測しよう」という課題に対して，ほとんどの子どもが「ゾウは人間の大人より遅い」と予測した。さらに小犬やウサギ，ハムスターについても予測した。その後，答え合わせを行った。ゾウの心拍数はおおよそ1分間に10回。クラス全員で拍手しながらゾウの心拍数のリズムを確認した。「ゾウは6秒に1回だけ。ゆっくりだ」とすぐに計算できる子どもが声を出した。
　次に小犬。1分間に100回，速いリズムで拍手を打った。「マラソン大会の時みたい」というつぶやきが聞こえてくる。さらに，ウサギ（205回），ハムスター（450回）について話す。さらにクジラ（3回），カナリア（1000回）と紹介していくと，子どもたちからどんどん驚きの声が増し，たくさんのつぶやきが聞かれた。「なぜ動物によ

ってこんなに回数が違うのか」ということについてペアで相談する時間をとった。「小さい心臓ほど動きが速い」という子どもの声に「ああ」という共感の声が湧き上がった。さらに「だって子どものほうが速いよ」「体が小さいハムスターは速い」「ゾウよりもクジラのほうが体が大きいからゆっくりだ」と次々と考えを出し合っていった。

【心臓が強くなる？】一般の大人と，心拍数が1分間に40〜50回くらいのマラソン選手とを比較して，どうしてマラソン選手は脈が少ないのかと考えさせた。「マラソン選手は脈が速いとマラソンでいっぱい走るから心臓は速くなるから最初はゆっくりでないとだめ」「走る量で脈が違ってくると思う」「血をいっぱい送れる心臓じゃなくちゃだめだよ」「心臓が大きいと一度にいっぱい血を送れる」などの意見が出された。その後，2年生にもわかるような言葉を使い，「心臓は筋肉でできている。筋肉が薄くて弱かったら，血をたくさん送れない。運動することで筋肉を鍛えるように，心臓も同じである」と説明した。

このようなやりとりをするなかで，運動をしながら自分の体（ここでは心臓）とかかわってきたことを確認することができた。

[第3時]

【ハート作戦を実行しよう！】この時間は，強い心臓をつくるための運動を実際に行う時間である。はじめにメトロノームで大人（60回）と子ども（80回）の心拍数を再現し，みんなで速さを確認した。子どもたちには，4人グループになり「ハート大作戦」を実行することを伝えた。ハート作戦とは，「心臓をいっぱいドキドキさせるために運動を考え，実際に心臓の音を聴いてみる」という活動である。子どもには，以下のような説明を行った。

- ドキドキの速さをハートの数で表し，プリントに色を塗る。運動していない時のドキドキの速さはハート1つ分とした。いくつ塗るかは，子どもたちが感じた主観で決めることとした。
- 生活班のみんなで相談してから活動し，お互いのドキドキを聴き合い記録していくこ

と。
　○5分間で作戦を終わらせ，すぐに基地に帰ってきて，心臓のドキドキを聴く。友だちのドキドキも聴かせてもらう。

　ハート作戦の話し合いでは，いままでの体の授業や日ごろの遊びの中から運動の種類を決め，作戦を立てていた。室内では縄跳びや腹筋運動，校庭では長い距離を走ることやリレー，鬼ごっこなどの運動に取り組んでいた。担任が校庭で運動する子どもを，養護教諭が室内で運動する子どもを担当した。ひとつの運動が終わるごとに基地に戻り，聴診器でお互いの心臓の音を聴き合い，ハートの数を相談して色を塗っていた。息を切らして「ドキドキ全開だ」と言いながらマラソンから戻った男子は，「ハート100個だよ」と叫んでいた。すべての作戦を終えたところで，全体に「どんな作戦だったか，みんなの心臓はドキドキしたか報告してください」と話した。「リレーだと，すごくドキドキした」「マラソンもすごく心臓が速くなった」「腹筋の運動はあまりドキドキしなかった」などの報告があった。

　無理するのはよくないが，これからも体育の時間に運動したり，休み時間に校庭で遊んだりして強い心臓をつくろうと話し，ハート大作戦が終了した。

7．授業を振り返って

　子どもたちが運動と体の関係を感じ，さまざまな気づきを構成していく過程に共に参加することで，さらに運動に向き合う気持ちが前向きになったのではないかという期待が生じた。自分の心臓の音を聴診器で聴いたり，運動後にものすごく速い心臓の音を自分の耳で実際に聴いたりしている子どもたちの表情は，とても新鮮で楽しそうであった。子どもたち自身，これまでの運動に対する意識も少し変わり，自分の体を客観的にとらえる機会となったのではないだろうか。心臓の音を耳で聴き，確かめて，心臓の動きをまねること，模型を見ることを通して，子どもなりの感覚的な学びが促されたように感じる。

（高木悦子・石塚　諭）

「健康な生活」の実践例2　〔小学校中学年〕

"毎日にこにこパワーアップ大作戦"（小3）

（毎日の生活と健康）

1. 探求したい内容

- 健康とはどのような状態か，自分たちの体の調子を振り返り考える。
- 健康には，一日の生活の仕方などの主体の要因や身の回りの環境の要因がかかわっていることに気づく。
- 自分の生活を見直すことを通して，健康によい一日の生活の仕方を考える。

2. 指導上の工夫

①いままで意識しなかった体の調子について，😊😐😞のマークを用い，チェックシートに記入することを通して，日々の体の調子を振り返られるようにする。【過】【声】

②健康の概念について，教師が一方的に教えるのではなく，子どもたちが日ごろ感じている体の調子を振り返ることにより，教師とともに健康についての概念を定義していく。【過】【声】【支】

③①のチェックシートを一覧にまとめ，その中から健康に影響を与えていると思われる要因を，話し合いの中で発見していく。【材】【声】

④③で発見した健康に影響を与えていると思われる要因を用いて，生活をよりよくする方法を考える。【形】【声】【支】

⑤実際に④で考えた方法を続けていれば健康でいられるのかを実験する。【形】【声】【支】

3．学びを見取るための視点（評価規準）

感じ（五感で感じる）

　　　　朝の自分の体の感じをあまり意識していない。

　　　　朝の自分の体の感じを既成の言葉などを使って表すことができる。

　　　　朝の自分の体のいろいろな感じを自分の言葉で（比喩，オノマトペも含め）
　　　　表すことができる。

気づきをもつ
↓ 話し合いの中から健康に影響を及ぼすものにあまり気づきをもてない。
話し合いの中から健康に影響を及ぼすものに気づき、それを言葉で表すことができる。
気づいた方法を生かし、より健康な生活を送れるように努めることができる。

4．単元の流れ

時間	学習内容
事前	今の自分の体と向き合ってみよう！ ・朝の健康観察の時間に、自分の体の調子を振り返り、「☺ばっちり」「😐ふつう」「☹全然ダメ」の3つで評価をし、その理由を考える。
1 (本時)	☺のひみつを見つけよう！ ・健康とは、心や体の調子がよいなどの状態をいうこと。 ・健康の状態には、一日の生活の仕方などの主体の要因や、身の回りの環境の要因が関係していること。 ・心や体が健康だと、毎日を元気に楽しく過ごせること。
事後	☺"パワーアップ大作戦"を実行しよう！ ・自分たちが考えた作戦を実行し、毎日☺でいられるか実験する。
2	規則正しい生活って何だろう？ ・健康には、一日の生活の仕方が深くかかわっており、一日の生活リズムに合わせて、食事、運動、休養・睡眠をとることが必要であること。
3	なぜ体をきれいにしなくちゃいけないの？ ・健康には、体や衣服などの清潔を保つことが必要であること。
4	健康によい部屋ってどんな部屋？ ・健康には、部屋の明るさの調節や換気などの生活環境を整えることが必要であること。

5．学びのあしあと

①授業前

保健の学習に入る前に、いままで意識することのなかった自分の体の調子を振り返らせるため、朝の健康観察の際、子どもたちに1週間、「今日の気分はどうですか」とチェックさせた。子どもたちは今の自分の体と向き合い、体の感覚を意識する時間をもつことができた。さらに、「☺ばっちり」「😐ふつう」「☹全然ダメ」の3つで評価をし、なぜ今自分はその気分なのか理由を考え、記述した。

☺	😐	☹
・朝ご飯をちゃんと食べた。 ・早寝早起きをした。 ・仲のよい友だちに会った。 ・席替えが楽しみ。 ・サッカーの試合で勝った。	・少し頭が痛い。 ・朝ご飯を食べなかった。 ・暑くて汗がダラダラ。	・だるい。 ・早寝早起きしなかった。 ・せきが出る。 ・少し足が痛い。

②**本時**（1/4時間目）

【導入】

　事前に行った学級全体の健康チェックの結果（自分の今日の健康状態を☺😐☹で示し、なぜ今日はこの健康状態なのか考えた理由をまとめたもの）の一覧を提示し、「☺のひみつを見つけよう！」と投げかけた。

　すると、ある子どもは「☺ばっちりなときは、朝ごはんをちゃんと食べたり、早寝早起きをしたりしている」と、生活の仕方に着目した発言をした。それを聞き、また別の子どもは、「席替えが楽しみだったり、サッカーの試合で勝ったり、いいことがあったときだよ」と、心が楽しい状態であるときも☺につながっていることを発見した。そこで、「他の顔のときはどうかな？」と問いかけると、子どもたちは「😐ふつう」のときは「少し頭が痛い」という体調の不調と「朝ご飯を食べなかった」という生活の仕方、さらに「暑くて汗がダラダラ」という環境の要因が自分たちの体に影響を及ぼしていることに気づくことができた。また、「☹全然ダメなときは体がよくないときが多い」ということを発見した。

　そこであらためて、「では、☺で過ごすためのひみつって何だろうね」と問いかけると子どもたちからは、「きちんとした生活をすると☺になる」「友だちと仲よく過ごすことが大切だ」「楽しみなことがあるといい」という意見があげられた。

　そこで、以上の3点を「☺でいられるためのひみつ」とした。

【展開】

　毎日☺でいられるための3つのひみつを実行するにはどんな活動をすればいいのか、"毎日☺パワーアップ大作戦"というテーマを決めて、「"健康な生活をするぞ"グループ」「"クラスで楽しむぞ"グループ」「"友だちと仲よし"グループ」の3つのグループに分かれて話し合うこ

とになった。ここでは、いろいろな作戦を思いつくままにたくさん出し、いつから始めるか、どのような方法で実行するか、より具体的に話し合うことにした。

「"健康な生活をするぞ"グループ」では、朝早く起きてきちんとご飯を食べられるように、「夜早く寝る」という意見が出された。しかし、「そんなに早く寝られないよ」という子どもの意見を受けて、なぜ早く寝ることができないのかということから考えることにした。早く寝られない原因は、宿題が終わっていないからということがわかると、「宿題を早くするようにしようよ」と意見が出され、「学校から帰ったらすぐに宿題をして、早く寝られるようにする」という作戦が考えられた。「"クラスで楽しむぞ"グループ」では、「クラスみんなでドッジボールをする日を設けよう」と考えた。ここで、教師から「みんなで楽しめるかな?」と投げかけたところ、ドッジボールが苦手な子でも楽しめるようなルールを考えようと話し合う姿が見られた。

「"友だちと仲よし"グループ」は、まず、「友だちとケンカをしない」という作戦を立てた。しかし、ケンカをするつもりがなくても相手を怒らせてしまう場合がある。そこで、「友だちへの話し方に気をつける」と作戦を変更した。また、ある子が「"ニコニコデー"という日をつくって、その日はみんながニコニコ笑顔を心がけよう」という意見を出した。それに対して同じグループの子たちが「みんながニコニコしているとクラスが和むからいいね」と、"ニコニコデー作戦"が採用された。

【まとめ】

グループごとに考えた作戦を発表した。これらの作戦を実行し、毎日😊でいられるかどうか1週間実験してみようと伝えると、子どもたちの意欲が高まったようだった。

本時の学習で子どもたちは、毎日😊でいるためには、健康な生活をすることと、良好な人間関係や心の安定が大切であること、そして、毎日😊でいられるということは、毎日を「健康」に過ごせているということであると気づけたのではないだろうか。

③授業後

健康な生活を送るために「早寝早起きをしよう」や，友だちと仲よくするために「"ニコニコデー"をつくろう」など，自分たちが立てた作戦を1週間実行してみて，本当に健康な状態が続くかを試してみた。

1週間後の子どもの声には，「早寝早起きをすると，朝すっきりした気分で学校に来られた」や「休み時間にみんなで元気に遊ぶと楽しいし，給食をいつもよりたくさん食べられる」などがあり，この活動を通して，知識のみを教えたときとは異なり，実感を伴ったかたちで健康について考えることができたことがうかがえる。

また，作戦を実行しようと思っても「朝ご飯を用意してもらえなかった」や「遊ぼうと思ったら雨だった」など，家庭での生活の仕方や天候の影響など自分の力だけではどうにもならない状況も起こりうる。そのようなとき，子どもたちは健康には周囲の環境もかかわってくることを身をもって感じ，知ることができただろう。

6．授業を振り返って

子どもたちは，周囲の大人やテレビなどの影響で，健康な生活とは早寝早起きをすること，朝ご飯をしっかり食べること，運動すること，十分な睡眠をとることだと知っている。しかし，知識として知っているだけで，健康な生活が自分の体にかかわっていることだという意識は低い。そこで，従来の保健学習のように，教師から「こうすることが大切」と教え込むのではなく，子どもたちが自分自身の体に向き合い，今日の自分は健康なのか，そうではないのか，何が自分の健康に影響を与えているのか考える活動を取り入れた。そして，ニコニコ元気に過ごせた日にはどんな要因があるのか，その要因を発見し，よりよくしていけば毎日ニコニコ元気に生活できるのかを実験した。

朝の健康観察の時間に"1週間チェック"を取り入れ，自分の体と向き合った子どもたちのワークシートには，ニコニコ元気な日は「ご飯をよく食べた」「早く起きられた」という意見が見られた。それ以外にも，「テストがあるから楽しみ」「朝の空気がすっきり」「遅れたことを先生にきちんと言えた」など，そのときのその子どもの経験に即した意見が多くあった。しかし，授業で一覧表を提示したときは，1週間チ

ェックのたくさんある意見の中からいくつかの意見に絞って提示したため，導入の段階で「健康でいるためには運動することが大切である」と話し合いが偏ってしまい，流れを修正する必要があった。教師自身の「これを教えたい」という気持ちが優先してしまい，子どもたちの意見を作為的に提示してしまったため，子どもたちの考える幅を狭めてしまい，このような偏りが生まれてしまったのだと考える。子どもたちのありのままの声を提示し，検討していけば，作戦を話し合うときも運動に偏らず多様な作戦が立てられたかもしれない。

子どもたちが自身の経験で学んだ「感じ」や「気づき」から，健康とは何なのか，健康のためにどんな行動をすることが大切なのかを考え，自ら実践していこうとする態度を育てていきたい。この過程を積み重ねていくことで，子どもたちは自分の体に主体的にかかわるようになり，自分なりの健康観をもつことができるようになるのではないだろうか。

(石井沙織)

ちょっと一息

子ども時代における身体活動の重要性
──大人になってからの生活習慣病への影響の観点から──

中高年層における生活習慣病の予防・改善にとって，食習慣と運動習慣がきわめて重要であることは，周知のとおりです。中高年になってからこれらの習慣を身に付けようとしても，なかなか定着しません。これら生活習慣等の定着に関連して，BorehamとRiddoch（2001）は，子ども時代の身体活動及び健康の大人になってからの影響について，生物学的かつ行動的な持ち越し効果（Carry-over Effect）として，それらを説明しています。すなわち，子ども時代に身体活動が活発であり，健康である場合には，その様態が成人期以降にも持ち越され，大人になってからも影響を及ぼすことを示唆しているのです。特に教育的な立場からは，「行動的な持ち越し効果」に着目すべきだと考えます。つまり，子ども時代になんらかの運動行動（身体活動）をしていれば，大人になってからも，同じような行動がとれるということです。

さて，筆者は最近まで10年ほど沖縄県に在住していましたが，前述した「持

ち越し効果」の例を自覚させてくれる新聞記事等をよく目にしました。なぜなら，現在の沖縄県は，死亡率の主要死因に関して都道府県別で男性では40代後半から50代まで肝疾患，糖尿病はワースト1であり，循環器系疾患もワーストに近いのです。また，女性でも，30代からワーストに近い疾患が複数あります。もはや沖縄県は長寿県とは言えないでしょう。他方，男女とも75歳以上の年齢層では，都道府県別順位で最高位やひと桁台が並んでいます。ではどうして75歳以上の高齢者層では，国内の他の地域よりも，健康な年齢層なのでしょうか。反対に，なぜ，70歳より下の年代では，相対的に不健康な年代に陥ってしまったのでしょうか。もちろん食習慣が主因（他の都道府県に比して戦後早くに油脂の摂取量が増加している）と考えられますが，同様に身体活動の面においても，戦後すぐにアメリカ文化が流入し，国内でも比較的早く車社会へ移行した地域ということに起因していると思われます。例えば，いまでは離島・へき地のほとんどの子どもは，学校まで少し距離が離れていると，家の車で送り迎えをしてもらっています。70歳より若い世代で，長寿県と呼ばれなくなったのは，早くから欧米化した食とともに，若年時代から身体活動が低減したことが原因なのではないでしょうか。総じて，子ども時代を含む若年世代の身体活動が，人間の一生涯の健康に対して大きく関与することを肝に銘じなければいけません。

(小林　稔)

〈参考文献〉
沖縄県福祉保健部 (2008)「アクションプランにおける健康づくりの推進について」『健康おきなわ21報告書』pp.8-12
Boreham,C.& Riddoch,C. (2001) The physical activity, fitness and health of children, Journal of Sports Sciences, 19, pp.915-929.

「健康な生活」の実践例3　〔中学校①〕

"人間はどんな環境にも耐えられる!?"（中2）

（健康と環境）

1．探求したい内容

- 身体の環境に対する適応能力や至適範囲，飲料水や空気の衛生的管理，生活に伴う廃棄物の衛生的管理
- 心身の健康に対する環境の影響

2．指導上の工夫

　身体の環境に対する適応能力・至適範囲，飲料水や空気の衛生的管理，生活に伴う廃棄物の衛生的管理について，具体的な事例を取り上げたり，実験を行ったりすることで，自分たちの生活と比較したり，関係を見つけたりして，考えられるようにする。

①具体的な事例を取り上げる

　新聞記事等の中から，適応能力の限界を超えた例や，ごみに関する問題，環境問題を取り上げ，自分たちの生活とのかかわりを見つける。

②体験を通して考える

　明るさを変えて作業能率を比較する等，体験をして感じたことから理解を深める。

3．1時間の流れ（2／8時）

時	テーマと学習内容及び学習活動
1	**身体の環境に対する適応能力や至適範囲** ・身体の環境に対する適応能力や至適範囲について理解することができる。 ① グループワークを行う 　Q　人間の適応能力の限界は？ ・暑さや寒さはどこまで耐えられるのか，各自で用意した新聞記事等の資料を参考にし，班で話し合いながら考える。 ・各班で答えを出し，そのように考えた理由を付けて発表する。 ②適応能力の限界についての説明をする ・適応能力には限界があり，限界を超えると人体に重大な影響があることを知る。 ③適応能力の限界に関する質問・確認を行う

（内田敦子）

> 「健康な生活」の実践例4 〔中学校②〕

"あなたの身体をつくっているものは？"（中3）

（健康な生活と疾病の予防）

1．探求したい内容

- 健康の成り立ち，生活行動・生活習慣と行動
- 調和のとれた生活

2．指導上の工夫

調和のとれた食事，適切な運動，休養及び睡眠が健康の保持増進につながることや，喫煙，飲酒，薬物乱用と健康との関係について理解できるように，自分たちの生活と関連づけて考えられるようにする。

①自分の生活を振り返る

自分の日常生活での食事や睡眠等の状況といった生活習慣等を分析し，健康の保持増進のために改善する点を考える。

②グループディスカッションの場を設ける

健康な生活を送るために必要なことや有害なことについて話し合い，仲間の意見を聞いたり，自分の意見を伝えるために考えをまとめたりするなかで，自分の生活とのかかわりを見つけ，適切な行動選択ができるようにする。

3．1時間の流れ（2／20時）

時	テーマと学習内容及び学習活動
1	「食生活と健康」 ・食生活と健康について，資料を見たり，自分たちの生活を振り返ったりして，望ましい食生活について考える。 ①食生活と健康のかかわりについて知る。 　〇昨日のあなたの食事内容を書き出してみよう。 　・ふだんの一日の食事を書き出し，食事の時間，量，栄養素のバランスについて考える。 ②エネルギーの消費と食事について知る。 　・年齢や運動量から必要なエネルギーを知り，摂取と消費のバランスを考える。 ③自分の食生活の改善点を考える。

（内田敦子）

「健康な生活」の実践例5　〔高等学校〕

"今から考えよう！ 生活習慣病"（高１）

（健康の保持増進と疾病の予防）

１．探求したい内容

- 自分や仲間の生活習慣の相違
- 生活習慣が引き起こす病気の理解と改善策

２．指導上の工夫

　生活習慣病の予防に向けては，「理想的な予防策」がすべての生徒に当てはまるわけではない。生徒たちが現状を「思い起こし」，「将来を考え」，「改善を目指す」ことを，自分自身との対話，仲間との意見交換などから気づき，「わたしの予防策」に向けて主体的に学習していく。

①自分自身や仲間との対話の時間を設定し，改善策を考える

　　一日の生活習慣を振り返り，ノートに書き出す。「良い点」「悪い点」「食事内容」「睡眠時間」「運動時間」などを記載する中で自分自身の生活にあらためて直面する。その後，仲間との対話の時間を設定し，互いの生活習慣の違いやよし悪しを感じる。自分自身と仲間との対話から今後の改善策を考える。

②知識を活用する学習活動の展開

　　授業・単元内に「基礎」と「応用」を組み込み，一つの内容について理解することができたら，他の具体例を考えさせ，生徒自身の内容理解を深める。

３．単元の流れ

現代社会と健康　イ　健康の保持増進と疾病の予防（4時間単元）

時	テーマと学習内容及び学習活動
1	「生活習慣病と健康」 ・生活習慣を振り返り，仲間と共によりよい生活習慣を計画する。 1：「生活習慣を振り返りグラフに記入してみましょう。できたらまわりと見比べてみよう」：周囲と比較し，違いに気づかせる。 2：「悪い生活習慣が続くと，どのような病気になるか考えてみよう」：将来を展望し改善に気づき，自分自身からよい方向に向かえるよう促す。

2	「喫煙と健康―たばこの体への影響―」 ・喫煙による健康（病気，周囲の人，胎児）への影響について考える。 1：「たばこに対する印象は？」：喫煙が体の健康にもたらす影響について知る。 2：「なぜ，未成年者は喫煙を禁止されているのだろう？」：禁止の理由を法律，成長の阻害の観点から考える。 3：「レストランで喫煙席か禁煙席かと聞かれるのはなぜだろう？」受動喫煙の影響について，「健康増進法」の内容とそのねらいを理解する。
3	「喫煙と健康―たばこの社会への影響―」 ・喫煙が社会にもたらす影響について自身の考えを発表する。 ・好奇心，周囲の人々の行動，マスメディアの影響が喫煙の開始，継続となることを理解する。 ・ロールプレイングを通して喫煙を避ける適切な判断と行動を考える。 1：たばこの広告を見た印象を発表し，未成年者が喫煙する動機を討論。 2：「じゃあ，実際にたばこに誘われる現場を再現してみよう」：たばこを断る判断と適切な行動について意見をまとめる。
4	「飲酒と健康」 ・飲酒による健康（病気，周囲の人，胎児）への影響について喫煙を参考にして考える。 ・飲酒の社会的影響が判断，行動に与える影響を考える。 1：「お酒を飲んでいる人はどのような状態になっているだろう？」：保護者など周囲の大人の飲酒状況から体，感情の変化を推測する。 2：「なぜ，未成年者は飲酒を禁止されているのだろう？」：未成年者が飲酒を禁止されている理由を考えた上で，アルコールの作用について理解する。 3：「喫煙の授業を参考にして，お酒が体や社会に与える影響を踏まえて，自分がどのように考えて行動しなくてはいけないか考えてみよう」：喫煙時の学習も応用しながら，飲酒の社会的影響を仲間とともに考え，適切な行動選択・意思決定について意見をまとめる。

※当該単元で扱った内容には薬物乱用，感染症も含まれるが，ここでは割愛する。　　　（伊佐野龍司）

> **コメント** 「健康な生活」の実践について

　「健康な生活」の実践には,「食事」「運動」「睡眠（休養）」の3要素が重要なポイントであることは周知であり,年代にかかわらず不変なことです。ここでも,小学校,中学校,高等学校と,どこの授業実践にも柱として取り上げられていますが,では異なる年代の子どもたちが,この3要素を見つめて,どのような「感じ」や「気づき」に迫っていくのかは興味深いところでもあります。
　小学校の石井先生の実践（実践例2）では,日頃なんとなくぼんやり感じている体の調子を,3つのマークで記述,認識させています。そこから,その違いは何なのかを子どもたちの意見から引き出し,『☺の3つのひみつ』と魅力的な言葉にまとめています。子どもたちは,3つのグループに分かれて,その「ひみつ」を見つける作戦を考え,多くの「気づき」を発見しています。さらに3要素以外にも「良好な人間関係」や「心の安定」といった精神的なことが影響することにも気づき,まさに心と体は一体であることに気づいたといえるでしょう。こうして,「明日も☺でいたいな」という願いは自分で生活をコントロールしようとする気持ちを生み,「自分ごと」としての健康観をもつことにもつながったのではないでしょうか。
　中学校の内田先生の実践（実践例3,4）では,3要素に加えて「喫煙」「飲酒」「薬物乱用」といった,今は未経験でもこれからかかわる可能性が大きい事柄を加えるとともに,適応能力の知識を深め,自身の可能性や限界を理解させています。これからの社会とのかかわりから予想される経験と健康を照らし合わせることは重要なことといえるでしょう。
　高校の伊佐野先生の実践（実践例5）では,3要素を「生活習慣」とし,仲間との対話から個人差を見つけ,自身に適する生活を見つめ直させようとしています。すでに15年以上生きてきて身に付けた習慣は,よし悪しを理解していてもなかなか改善しにくいのが現状であり,友だちと一歩踏み込んだ話し合いから得られる「気づき」は貴重であり,改革を期待するものでもあります。
　不変である3要素であるからこそ,その年代の子どもの実態に適した視点で自身を「感じ」,よりよい健康な生活を求めていく必要性に「気づき」をもたせることが,授業で求められていることだと感じられます。

（上野佳代）

ちょっと一息

日本人の睡眠時間や食事の時間は長い？

　日本人の睡眠時間は，長いと思いますか？　短いと思いますか？
　下の図は，2009年のOECD諸国の睡眠時間を比較したグラフです（OECD，「図表でみる社会 2009」）。日本人の睡眠時間は，7時間50分であり，1位のフランスと1時間も違います。睡眠時間は一般的に高齢者ほど長くなるといわれ，この調査が15歳以上を対象としていることと，日本人の高齢化率が高いことを考えれば，もっと睡眠時間が長くてもよいのではないかと考えられますが，かなり睡眠時間が短いことが明らかになっています。

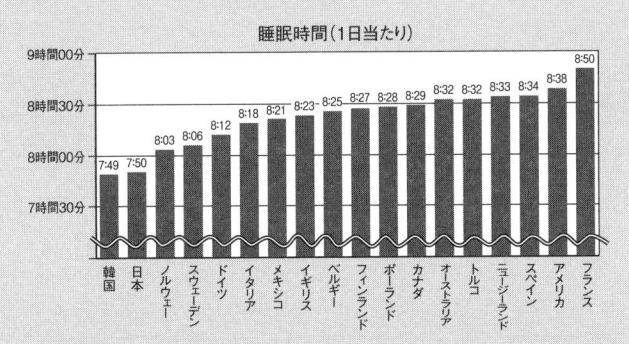

睡眠時間（1日当たり）

韓国	7:49
日本	7:50
ノルウェー	8:03
スウェーデン	8:06
ドイツ	8:12
イタリア	8:18
メキシコ	8:21
イギリス	8:23
ベルギー	8:25
フィンランド	8:27
ポーランド	8:28
カナダ	8:29
オーストラリア	8:32
トルコ	8:32
ニュージーランド	8:33
スペイン	8:34
アメリカ	8:38
フランス	8:50

　一方，食事の時間はどうでしょうか。日本人は忙しいので，ゆっくり食事をする暇もないのではないかと想像もします。しかし，実際には下図のように1日当たりの食事の時間を比較したグラフ（OECD，「図表でみる社会 2009」）を見ると日本人は117分であり，アメリカ（74分）の約1.5倍もの時間をかけていることがわかります。みなさんの睡眠時間や食事の時間はどうですか？　　（鈴木直樹）

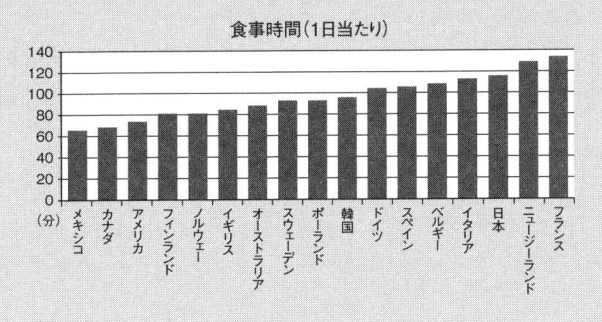

食事時間（1日当たり）（分）

メキシコ，カナダ，アメリカ，フィンランド，ノルウェー，イギリス，オーストラリア，スウェーデン，ポーランド，韓国，ドイツ，スペイン，ベルギー，イタリア，日本，ニュージーランド，フランス

「育ちゆく体」の実践例1　〔小学校中学年〕

"どうなる!?　わたしのからだ"（小4）

（育ちゆく体とわたし）

1．探求したい内容

- 体は，年齢に伴って変化し，体の発育・発達には，個人差があることに気づく。
- 思春期になるとしだいに大人の体に近づき，異性への関心が芽生えることについて考える。
- 体をよりよく発育・発達させるために，調和のとれた食事，適切な運動，休養及び睡眠に気をつけて生活していこうとする意欲を高める。

2．指導上の工夫

①自分の体を触ったり，これまでの変化を振り返ったりすることで，自分の体に起こっている体つきの変化について気づくことができるようにする。【支】【材】

③　思春期に起こる男女の体つきの変化をグループで考え，双方向のかかわり合いを通して，変化についての理解を深めることができるようにする。【材】【評】

④　子どもがどんなことを学んでいくのかを保護者に知ってもらうために，家庭で一度教科書を読んでもらう。その後に，授業に関連したアンケートに答えてもらい，その内容を授業でも取り扱うことによって，親子で心と体の変化について話し合うきっかけをつくる。【材】

④学習を通して，子どもから出てきた気づきや疑問を大切に扱い，学習カードや掲示板などに残していく。それらを新たな気づきにつなげていけるようにする。【評】

3．学びを見取るための視点（評価基準）

①体の発育・発達について関心をもち，よりよい発育・発達のための生活態度を身に付け，進んで実践しようとしている。

②体の発育・発達について，自分の成長を振り返ったり，これからの自分の生活を予想したりすることで，よりよい発育・発達を目指して解決の方法を考えたり，判

断したりしている。
③体の発育・発達の現象や思春期の変化を理解し，体をよりよく発育・発達させるための生活の仕方や知識を理解している。

4．単元の流れ

時	ねらい	学習内容
1	「大きくなってきたわたし」 　体は年齢に伴って変化すること，発育・発達の仕方や時期には，個人差があることを理解できるようにする。	・身長がどのように変化してきたのかを考える。 ・1年ずつの身長の伸びのグラフからわかることを考え，これからの変化を想像する。 ・身長以外に，体が成長していることについて考える。
2	「思春期にあらわれる変化①」 ・思春期には，男子はがっしりした体つきに，女子は丸みのある体つきになるなど男女の特徴が現れたり，変声や発毛が起きたりすることを理解できるようにする。	・大人になると男女の体つきがどのように変わるかを考える。（グループ活動） ・自分の体つきの変化についてもう一度振り返る。 ・身近な大人がどのように思春期を迎えたのかを知る。
3	「思春期にあらわれる変化②」 ・思春期には，女子には初経，男子には精通が起こり，また，異性への関心も芽生えることについて理解できるようにする。	・体の働きの変化について知る。 ・初経，精通のグラフからわかることを考える。 ・体の変化が起こる仕組みについて知る。 ・思春期の異性への関心について考える。 ・思春期の心や体に起こる変化について学習したことを踏まえて，わかったこと，もっと知りたいことを考える。
4	「よりよく育つための生活」 ・心と体がよりよく育つためには，調和のとれた食事や適度な運動，十分な休養・睡眠が必要であることを理解できるようにする。	・バランスのよい食事について考える。 ・適度な運動について考える。 ・十分な休養・睡眠について考える。 ・体がよりよく成長するために実行することを決める。

5．学びのあしあと

［第1時］自分の成長を振り返ろう

　子どもは，これまでの自分の成長についてあまり意識をしていなかったようである。そこで，自分が小さいときに身に着けていたものや，小さい頃の写真などを持ち寄っ

て，自分の成長を視覚的につかめるようにした。子どもたちは，服を着ようとしたり，体に当てたりしながら，自分の体が大きくなっていることを，体験して感じることができたようだった。そこで，これまではどのように成長してきたのかに注目し，この先，どのように変化していくのかの見通しをもてるように授業を進めていった。

子どもたちには，1年生から4年生までの1年ごとに身長が伸びた長さに紙テープの色を変えて切って渡した。子どもたちは，ワークシートにある目盛に紙テープを合わせて，自分が伸びた長さを確認したり，並べてどの学年で一番伸びているのか見たりしていた。その後，「グループの中で友だちと比べてみよう」と投げかけた。子どもたちは，一番伸びている学年を持ち寄ったり，それぞれの学年での伸びを比べたりと，思い思いに比較をしていた。さまざまな比較の仕方を全体に広めながら進めることで，伸びる長さには個人差があることに気がついていった。さらに，伸びる時期の違いにも気づくことができた。

その後，教師の身長の伸びの例をあげ，身長が伸びる時期や，伸びる量が違うということを子どもたちは確認した。さらに，この3例を見比べることで，だんだん伸びなくなっていくことにも気づくことができた。

子どもたちの感想の中には，個人差をしっかりと受け止め，伸び方が違っても心配しなくてもよいという感想があり，成長に対して前向きな意見が多かった。

[第2時] 思春期の体にはどんな変化が起こるだろう？ パート1

前時を振り返り，本時で扱う思春期という言葉について「おとなの体への変化が起こる時期」と説明し，本時の学習課題を確認した。

最初に，男女の体のシルエットだけを示し，「どちらが男性で，どちらが女性であるか，わかるかな」と投げかけた。子どもたちは，肩幅や体のくびれ，体の丸みから性別を自然と見分けることができていた。ここから，意識はしていなくても体の変化についてわかっているということが感じられた。シル

エットを裏返して，男性の体，女性の体が見えるようにすると，子どもたちからは，恥ずかしそうに笑っていたり，おもしろがっていたりするような姿も見られた。ここで，「恥ずかしい気持ちはあるかもしれないけれど，これからのみんなにとって大切な学習だよ」と伝え，しっかりと向き合えるように声をかけた。

次に，「自分の体で変化しているところはあるかな」と問いかけ，自分の体を触ってみて確かめるようにうながした。しかし，子どもたちは自分の体の変化はほとんど感じていない様子だった。そこで，男女を見分けたポイントや，自分の身近な大人を思い浮かべ，どんな変化があるかを考えてみるように声をかけた。話し合いが進む中で，男性が筋肉質になっていく変化や，女性の胸のふくらみ，体毛（性毛も含む）が生えてくることや，女性に生理が始まることもあげられた。たくさんの変化があげられるなかで，身長の伸びや，体重の増加も思春期の変化としてとらえている子どもも多かったので，グループを見て回りながら，二次性徴との違いを区別できるように，声をかけた。また，少し時間差をつけて，気づいたことや，思ったこと（不思議，不安，疑問）などについても，書くように促した。なかには，「どうして，女の人からしか赤ちゃんが生まれてこないのだろう」や，「生理って何のこと」と，次時につながるような，たくさんの疑問が書かれていた。

全員が，すべての二次性徴について気づいてはいないので，二次性徴の変化を整理する時間をとった。そこで性器という呼び方の確認をしたり，1グループだけがあげていた声変わりを押さえたりした。また，ニキビについては子どもたちからはあがらなかったので，教師から伝えた。

次に，大人の体へ変化した時期の例を示し，それぞれの変化した年齢に注目させた。前時と同じく，思春期に起こる体の変化についても，時期や変化の仕方には個人差があるということを感じられたようだった。

この後，より身近に起こることとして感じられるように，保護者が大人の体へと変化した時期が書かれたアンケート用紙をそれぞれの子どもに渡した。そこには，保護者の体の大人への変化とともに，子どもたちへのメッセージが書かれていたが，渡し

た後にしばしの静寂が訪れた。子どもたちは，じっくりと親に起こった変化とメッセージを読んでいた。その後に書いたワークシートには，「いつも恐いお父さんだけど，本当はすごく心配してくれているのがわかった」「性について学ぶことは恥ずかしくなく，大事なことだとわかった」「誰でも思春期という時期を体験するので，人と違っても不安に思わない」など，子どもたちには感じることが多かったようだった。また，精通や初経など，わからない言葉も出てきた。

[第3時] 思春期の体にはどんな変化が起こるだろう？ パート2

本時はパート2として，体の中に起こる変化に注目して学習を進めた。前時で出てきた疑問を解決しながら学習していこうと話し，授業をスタートさせた。

子どもたちには，体の中の変化は見えず，わかりにくいものであるため，養護教諭と連携をとり，キーワードを使って，「精通」や「月経」などの言葉を当てはめて考える時間をとった。体の外の変化とは違って，知っている部分は少ないようだった。だからこそ，キーワードを使って考える手立ては有効だった。

その後，養護教諭から，答え合わせとともに，それぞれの言葉に解説を加えてもらった。子どもたちは，一つ一つの言葉を確認しながら聞いていたが，自分に起こることとしてとらえることは難しいようだった。

次に，子どもたちに「なぜ，このような変化が起こるのだろう」と投げかけた。子どもたちは，「仕事をするため」「もっと勉強ができるようになるため」などの答えが多くあがったが，「体が大きくなくても仕事はできそうじゃない」「今も一生懸命勉強しているなら，変化しなくてもよいのではないか」と問いかけた。子どもたちはさらに考えた結果，「赤ちゃんを産むため」と考えているグループもいくつか出てきた。

最後に，「命をつないでいくための変化なんだよ」と話した。子どもたちの親にも親がいて，その先にも親がいて，その命をつないできたのも，これからつないでいくためにも，これまで学んだ変化が大切であることを伝え，授業を締めくくった。子どもたちの感想には，「自分もいつか親になるのかな」「赤ちゃんを産んでみたい」などと答える子どももいて，将来を楽しみにしている様子が感じられた。

[第4時] 自分の生活を振り返り，よりよく成長できるようにしよう

この前に，休日にどんな生活をしているのかの記録をとることをしておいた。

本時の始めに，子どもたちに，「よりよい成長をしていくためには，何が必要だったかな」と問いかけた。子どもたちは，「運動」「ご飯」「睡眠」の3点をあげることができた。さらに詳しく聞くと，「自分に合った運動」「バランスのよい食事」「睡眠

と休養」と，よりよく成長していくことのために必要なことを理解できているようだった。

その後，栄養士とともに「調和のとれた食事」をテーマに，活動を行った。前日の献立を基にして，栄養について学習をした。献立を栄養素に分けたテープを用意し，グループごとにテープを操作することで，給食に含まれる栄養素を理解し，ある献立を除くと，必要な栄養素が不足するということを，視覚的にとらえることができていた。反対に，一つの献立を加えることで，不足しているものを補えるということにも気づくことができた。

次に，自分の生活にあてはめて，「適切な運動」「調和のとれた食事」「睡眠・休養」について，改善するところはないかを考えた。子どもたちには，「必要だとわかっているけれど，自分にできていないことはないだろうか」と投げかけた。はじめは，「自分に合った運動をする」と書いた子どもが何人かいた。しかし，「自分に合った運動は，いつ，どこで，どれくらい，何をすることなの」と投げかけることで，自分のこととしてとらえ，改善する方法を考えていた。食事についても，「毎食時に牛乳を飲むようにする」など，自分にできることを考えることができた。

6．授業を振り返って

この単元を通して，子どもたちは常に自分と向き合い，また他者と向き合うことで，知識を得て，体について考えを深めることができた。正解をすぐに教えるのではなく，いろいろな意見を交換し，自分に問いかけることで「答え」にたどり着くことができていたように思う。また，保護者の協力を得て，より身近な大人として，子どもたちの心に大きく働きかけることができた。子どもたちはこの授業を通じて，単に知識を得ることで終わらず，成長を喜び，家族の思いを知り，よりよく今を生きることを学ぶことができたのではないかと思う。

（古木善行）

「育ちゆく体」の実践例2　〔中学校〕

"心と身体をバランスよく育てよう"（中１）

（心身の機能の発達と心の健康）

1．探求したい内容

- 呼吸・循環機能を中心とした身体の機能や発達の個人差
- 生殖にかかわる機能の男女の違いや，その変化に伴う適切な行動
- 心の健康を保つための欲求やストレスへの適切な対処法
- 心と身体のバランス

2．指導上の工夫

①座学と実技を連携させ，「感じ」と「気づき」の往還を促す

　中学校の保健体育科においては，生活に役立つ内容を扱いたい。激しい運動をすると呼吸が荒くなり，心臓の音が速くなることを子どもたちは経験的に知っている。子どもたちにとって身近な心拍数を計測することによって，目に見えない身体の内部の変化を数値化できる。これと合わせて，主観的運動強度を用いることで，個人に応じた適切な運動強度を選択して運動を楽しめる。

　心拍数と主観的運動強度は直線的関係を示すが，その傾きは個人によって異なる。これを過去の自分や他者と比較することによって，自分自身の成長を感じたり，個人差に気づいたりすることができる。

②活動の中で心と身体をバランスよく育てる視点をもたせる

　中学生は第二次性徴にさしかかる発達段階とはいえ，その成長の程度は一律ではなく個人差がある。子どもたちが個人差を認め，豊かな日常生活を送るためには，心の面にも着目し，欲求やストレスへの対処法を仲間と共有することが有効である。授業を展開するときは子ども同士が相互にかかわる活動を潤沢に用意したい。直接的に目の前にある問題の解法を求めるだけでなく，役割演技や実際に起きた事例の検討を用いることによって，個人がもつ他の問題への応用や家庭環境への配慮といった効果が期待される。

中学校における「心身の機能の発達と心の健康」は，小学校で学習した「育ちゆく体とわたし」と「心の健康」が複合されたかたちとなっている。心と身体の両者がバランスよく育つことの重要性を強調したい。

3．単元の流れ（4時間単元）

ここでは「体つくり運動」と組み合わせた「身体機能の発達」の授業を提案する。

時	テーマと学習内容及び学習活動
実技ⅰ	「異なる運動強度で同じ運動をやってみよう（体つくり運動）」 ○心拍数及び主観的運動強度の計測方法を知る。 ・安静時心拍数を計測する。 ○2種類の運動強度で同一の運動を行い，心拍数と主観的運動強度を記録する。 ・運動強度は主観的運動強度尺度（Borg's Scale）における「かなり楽である」と「ややきつい」とする。 ・持久走や縄跳びなど「動きを持続する能力を高める運動」を2人組で交互に行う。 ○ねらった運動強度で運動できたかどうかも記録しておく。
	▽ 実技から座学へ
座学	「どれくらいの運動をすれば健康になるだろう？（身体機能の発達）」 ○自分の心拍数と主観的運動強度をグラフに表す。 ・クラスの仲間と比較しながら，個人差に気づく。 ○呼吸及び循環機能を中心とした身体の機能の発達について知る。 ・中学生の時期に運動することによってよりよく発達することを理解する。 ○自分に必要な運動強度を推定する。 ・目標心拍数＝｛(220－年齢)－安静時心拍数｝×0.5＋安静時心拍数 ※下線部は0.5～0.85が推奨されているが，初期の段階は低めに設定することが望ましい。
	▽ 座学から実技へ
実技ⅱ	○自分に適していると推定された運動強度を確かめる。 ・自分の心拍数だけでなく，仲間の心拍数を測定することによって，より具体的に個人差を実感する工夫も考えられる。

（齋藤祐一）

〈参考となる図書・資料〉
征矢英昭・本山 貢・石井好二郎編(2007)『新版 これでなっとく 使えるスポーツサイエンス』講談社
山本哲史・山崎 元（1999）「運動処方の最近の考え方」『慶應義塾大学スポーツ医学研究センター紀要』pp.33-39

「育ちゆく体」の実践例3　〔高等学校〕

"大人に向けて　自分なりに一歩ずつ！"（高2）

（生涯の各段階における健康）

1．探求したい内容

- 思春期後半である高校生の体や心理面・行動面の変化についての相互理解
- 思春期特有の性機能の発達に伴う異性に対する望ましい認識
- 思春期の心理的成長過程に伴う健康課題の理解と望ましい生活行動の意思決定と行動選択

2．指導上の工夫

　思春期ゆえに心身の発達に個人差があることや思春期後半の男女の心身の発達に伴う心理面や行動面の変化及び健康課題に気づかないことが多いので，今後の生活の中で考えていけるよう，発問や事例を基にしたオープンエンド（考え方の多様性を積極的に取り入れていく授業展開）での授業を構成した。

①授業の意図するところを生徒に明確に示す

　授業を通して，思春期の心身の発達とそれに伴う同性・異性の変化や健康課題に気づき，思春期では自らそれを乗り越えていくことが大切であることを認識できるようにするところをゴールセッティングとした。

②事例の活用やディスカッションにつながる発問を工夫する

　男女3人ずつのグループ編成とし，発問や身近な事例を活用して生徒の暗黙知を引き出せる形式での意見交換を通して，今後の生活の中で自ら思考・判断していけるような授業とした。

3．単元の流れ（1時間単元）

時	テーマと学習内容及び学習活動
	「思春期と健康〜大人に向けて　自分なりに一歩ずつ！」

1	・思春期後半には，身体や心理面・行動面の変化とそれに伴う健康課題があり，それを乗り越えて今後の生活を送ることが必要であること。 ・思春期特有の性機能の発達に伴う異性に対する望ましい認識をもつことが必要であること。 発問1　高校に入学して1年が過ぎました。いままでの「自分の体の変化」についてワークシートに2つ以上書いてみよう。 発問2　高校に入学してからの「異性の全般的な行動面の変化」について，ワークシートに書いてみよう。 作業1　発問1と2について，グループでまとめ，「男子・女子の体の変化」と「異性の全般的な行動面の変化」について，まとめたことをグループごとに発表する。 発問3　次にあげる「いまどきの高校生」のさまざまな事例を読み，思春期後半に起こりがちな心理面・行動面の今後起こりうる問題点と解決の方法について考えたことをグループ内で話し合ってみよう。 ［事例］ A：友だちを失いたくないために，何でも一緒に無理をしてでも行動を共にする。友だちを失うことがとても怖い。そのため，メールやSNS（ソーシャルネットワークサービス）にかなりの時間を使ってしまう。 B：勉強よりもアルバイトでお金を稼ぐほうが，自分にとっては生活が充実している。今は学校で勉強することの意味がわからない。 C：好きな異性ができて，その子といつまでも一緒にいたいと思うことが多く，いつも放課後は食事をしたり，公園などで夜遅くまで話している。 D：将来，自分の進みたい進路に対して両親は2人とも大反対する。両親の願いは理解できるが，自分の人生は自分が決めるものと思う。しかし，現実問題として入学金などの経済的なことで悩んでいる。 作業2　発問3について，今後起こりうる問題点と解決の方法について各自が考えたことをグループ内で話し合ってそれぞれの意見を共有しよう。

(杉山正明)

〈参考となる図書・資料〉
①平岩幹男（2008）『いまどきの思春期問題』大修館書店
②第25回東洋大学「現代百人一首」入選作品（2012）
・笑い合う友達よりも本当の私を知ってるツイッター
・会えるかな淡い期待をそっと抱きあの道今日も遠回りする
・青春の我の心は不規則に転がり続けるどんぐりのよう
・少しだけ自分の時間が欲しいからあえて乗り込む各駅停車

> **コメント** 「育ちゆく体」の実践について

　小学校の古木先生の実践（**実践例1**）の素晴らしいところは，体の成長への「感じ・気づき」を高めるための工夫と，その中から子どもが体の成長へ疑問をもち，自分の疑問に主体的に問いかけるという授業の構成を行ったことにあります。「子どもは，これまでの自分の成長についてあまり意識をしていなかった」と書かれているように，体の成長は長い時間の中で徐々に起こるため意識されることが多くありません。そのため「感じ・気づき」を高めるための工夫が必要になるわけです。この実践では，小さい時の写真や小さい時に着ていた服を持ってきたりすることから学びをスタートさせています。小さい時の服に手を通した子どもは視覚だけでなくその肌触りを通しても何かを感じたにちがいありません。さらに，身長の伸びについては「紙テープを，1年生から4年生までに伸びた長さに色を変えて切って」渡しています。学年ごとの身長の伸びを視覚としてとらえられるようにした工夫です。これら「感じ・気づき」を高めるための工夫が，その後のグループでの話し合い活動で新たな「気づき」を促し，成長には個人差があること，伸びる時期に違いがあることを自分たちの知恵として発見してゆくことができたのです。第2時では，思春期の体の変化について学ぶことを通して「気づいたことや思ったこと（不思議，不安，疑問）」を掘り起こしています。それが第3時の養護教諭との学びを促しています。さらに，子どもにとっての他者，それも自分の保護者の体の変化と子どもへのメッセージを授業に取り入れたことは大きな工夫でした。この活動が子どもという枠の中で思考する子どもたちの目を，未来に向ける役目を果たしています。自分の未来形としての保護者（他者）がここに現れたことで，自分が実際に大人に変化していくのだという新たな学びを子どもの心の中に生み出したといえるでしょう。

　中学校の齋藤先生の実践（**実践例2**）は「心身の機能の発達と心の健康」の中で行われた内容で，心肺機能の発達と体つくり運動を組み合わせた新しい試みといえます。このような試みがされる中で新たな保健授業が開拓されてゆくことが考えられます。小学校の「体の発育と発達」の単元が中学校・高校でどのように発展してゆくのかという視点で見ていくとき，中学校では，小学校で分かれていた心と体の学習が，一つの単元で扱われるようになり，さらに高校では，杉山先生の実践（**実践例3**）に見られるように，具体的な生活場面の中で，心と体の健康問題をどのように解決するか，学び合うという構成がとられていることに気づきます。

　授業の中で「感じ」と「気づき」大切にするとき，子どもたちは自分たちの力で動き始めます。そこに，また新たな「感じ」と「気づき」が生まれ，「知恵」となり，子どもの目が新たな世界に開かれていくのだと思います。　　　（小野かつき）

「心の健康」の実践例1　〔小学校高学年〕

"心の説明書"（小5）

（心の健康）

1．探求したい内容

- 自分の心が，たくさんの人々や環境によって成長してきていることに気づく。
- 心と体のつながりについて考える。
- 不安や悩みがあるときの対処法や不安や悩みの価値について考える。

2．指導上の工夫

①家族へのインタビュー

　　自分自身の心が成長していると感じている子どもは多くはないだろう。いままでの成長に気づくために，子どもに保護者へのインタビューを行わせる。インタビューを通して，自分自身の心の成長に気づき，喜びを感じることであろう。そして，学習に対しても意欲的に取り組むことができると考えた。

②子どもの経験を中心にした話し合い

　　子どもは心の成長につながる経験や心と体のつながりを感じる経験，不安や悩みを解決した経験をこれまでの生活の中で得ていることがあるだろう。しかし，その経験は無意識に，あるいは別の目的や考えで経験してきたものが多いと思われる。これらの経験を出し合ったり，他者の経験を聞いたりすることで，自分の経験が今回の学習内容とつながりのあるものであったことを確認し，心についての考えを再構築することにつながると考えた。そこで，子ども同士で経験を基に話し合うことを活動の中心に据えた。

3．学びを見取るための視点（評価規準）

　　自分や他者とのかかわり合いを通して心身のつながり，不安や悩みについて理解を深め，これからの生活に生かそうと自分の考えをもつことができる。

4．単元の流れ（3時間）

1時間目	2時間目	3時間目
心はどのように成長するのか ①私たちの心は成長しているの？ ②心が成長するとどうなるの？ ③どうすれば心は成長するの？	日々の心の変化は体にどのような変化を与えるのか ①心と体はつながっているの？ ②心は体にどんな影響を与えるの？ ③体は心にどんな影響を与えるの？	不安や悩みがあるときはどうすればよいのか ①みんなはどんな不安や悩みをもっているの？ ②不安や悩みをどうやって解決するといいの？ ③不安や悩みはないほうがいいの？

5．学びのあしあと

［第1時］心はどのように成長するのか

　学習に入る前に，子どもがおうちの人に「小さかった頃と比べて心が成長したと思うところ」をインタビューすることにした。インタビューすることで，子ども自身が気づかない心の成長を知ることができる。そして，その成長を授業で発表し合い，子どもたち自身がさまざまな心の成長を成し遂げてきたことを学級で共有できると考えたからである。

　第1時は「人の心はどのように成長するのか」というテーマで学習を進めた。

　授業の導入ではお年玉をもらったときのさまざまな年齢での行動を考えた。赤ちゃんがお年玉をもらった場合は「くしゃくしゃにする」「口に入れる」など，赤ちゃんがお年玉だと認識していないと考えている意見が出た。3，4歳の場合は「お礼を言う」「お母さんに渡す」「恥ずかしがりながらお礼を言う」など，赤ちゃんの頃よりも成長したという視点と，まだ幼いという視点からの意見が出た。5年生の年齢である10，11歳の場合は「お礼を言う」「欲しいものを買う」など，相手を思う行動や自分の欲求を満たす行動を述べていた。大人の場合では，「遠慮する」「深々と礼をする」など，より相手に敬意を払うようになったことがわかる意見が出た。そして，年齢ごとの行動を確認した。その後，「他に心が成長してきたことがわかる場面や行動はどんなものがあるか」と聞いてみた。すると，「我慢強くなった」「言われなくても自分でするようになった」「思いやりをもつようになった」など，家族にインタビューで聞いてきたことを出し合った。そして，これらの行動の変化は，自分自身の心の成長

が関係していることを子どもと確かめた。

　たくさんの心の成長が出たところで,「心が成長すると,どんな力が付いていくのかな」と投げかけると,「人を思いやる力」「空気を読む力」「自分から行動する力」「協力する力」「思考力」と心が成長することでさまざまな力が付いていくことがわかった。これらの意見を「感情」「社会性」「思考力」の3つに分類しながら,心の成長の大切さを子どもと共に確認した。「心の成長にはどんなことが必要か」と聞いてみると,「我慢すること」「人とかかわること」「挑戦すること」「委員会活動」「仲間との協力」などの意見が出され,心の成長に何が必要なのかを自分たちの経験を基に話し合うことで導き出すことにつながった。最後に「心を成長させるために,これからどのような生活を送りたいか」を書かせた。しかし,ここでは学習で感じたことを書かせたほうが,子どもの素直な考えを表現できたように思えた。上の例のように「心の成長に必要なこと」と同じ内容を書いている子どもがほとんどであったためである。そこで,第2時以降は学習での気づきを書かせることにした。

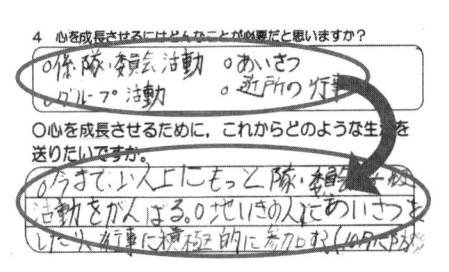

[第2時] 日々の心の変化は体にどのような変化を与えるのか

　前時の学習では,さまざまな経験を通して心が成長し,たくさんの力が付いてくることがわかった。第2時では,さまざまな経験を積む場である日常生活での心の変化は,体にどのような変化を与えるのかを子どもと考えることにした。そこで本時は「日々の心の変化は体にどのような変化を与えるのか」というテーマで学習を行った。多くの子どもは心の変化により,体が影響を受けると考えているが,影響の受け方についてはそれぞれの考えがあると思った。また,心と体のつながりについてもさまざまなとらえ方があるのではないかと考えた。そこではじめに「心と体はつながっているのか」「また理由は？」と全体に投げかけた。すると3人の子どもを除いて「つながっている」と答えた。つながっていないと考えた1人の子ども（A児）にその理由を尋ねると,「体の中には心という臓器がないから」と答えた。多くの子どもが「確かに」とつぶやいたので,

心はどこにあるのか，みんなで話し合った。すると「脳で感じたり考えたりするから脳にある」「監督が胸をたたきながら心が大切だと言っていたから心は心臓の位置にある」と意見が飛び交った。

　子どもたちの発言がある程度落ち着いたところで話を戻し，心と体がつながっていると思う理由について意見を聞いてみた。すると，「うれしいとやったーとガッツポーズをする」「悲しいと涙が出る」「相手が嫌がるだろうと思うとやらない」など，体の反応や行動の抑制まで，さまざまな意見が出た。意見を出し合うなかで「緊張するとおなかが痛くなる」という意見が出た。そのときB児が大きく「あっそうか！」と大きく納得し，ワークシートを書き直し始めた。「どうしたの」と尋ねると「ロシアとの国際交流活動に行ったとき，初日に熱を出している人がいた。それは緊張していたからなんだと今の話を聞いてわかったからです」と話した。B児は心と体はつながっていないと考えていたもう1人の児童であった。しかし，仲間の意見を聞いて，自分の経験の中で起きていた出来事と関連づけて考えを変えるにいたったのである。その後「心という臓器はないが，心と体はつながっている」ということで，つながっていないと最初に考えていた子どもも，みな納得できた。

　そこから心で感じたことが体に現れるものは他にどんなことがあるか出し合った。すると「さびしいと爪をかむ」「怖いと思うと目をそらす」「驚くと鳥肌が立つ」「要望が通らないと床を踏む（地団駄を踏む）」などの意見が出た。1人が意見を言うと「あ〜，それ，ぼくもやってしまう」「それってC児がよくやっているよね」と，お互いの経験と照らし合わせながら自分の経験をこの学習と結びつけていた。今度は逆に体に起きたことが心に現れることはないか子どもに問いかけた。すると，「病気になるとやる気が出ない」「元気だとやる気がでる」「危ないことをするとひやっとする」などの意見が出た。

　最後に感想を書いて授業を終了した。感想の中には「心と体はつながっていると思います。臓器とかではないけど，思いが体とつながっているとこの勉強をして感じました」「心と体はつながっているなとあらためて思いました。私は緊張するとよく震えます。心と体がつながっているかなど，考えたこともなかったので，たまに考えてみようと思いました」「心と体の関係についてよく考えることができました。人それぞれの意見，体験談を聞けて楽しかったです。はじめは心と体は関係ないと思っていたけれど，仲間が出した例を聞いて考え直しました」「心は，本当はないけれど，心から体に影響することや体から心に影響することが結構あるから，心は見えないけれ

どあるということがわかりました」などがあった。今回の学習を通して，子どもは自分の経験と仲間の経験談をつなぎ合わせ，心と体のつながりをより意識するようになった。

[第3時] 不安や悩みがあるときはどうすればよいのか

　心と体が相互に影響し合っていることを学習したところで「不安や悩みがあるときはどうするとよいのか」というテーマで学習が始まった。子どもは，みんながどんな不安や悩みを感じているのかはわかりにくいだろうと思い，クラスで不安や悩みのアンケートを取り，集計したところ，右上のようになった。また，クラス以外の5年生はどのように感じているのかを紹介する目的で，右下のような調査結果も紹介した。みな同じような不安や悩みを抱えていることを確かめることができた。

　その後，「不安や悩みを感じるとき，みんなはどうしているのか」と問いかけた。すると，相談，発散，リラックスという3つの方法が出てきた。相談のなかでも友だちや家族，先生のほかに電話による相談機関や心の中で自分自身に相談するという方法も出た。発散については，物にあたる，大声を出す，運動する，夢中になることをする，自分にあたる，という意見が出た。リラックスについては，音楽を聴く，寝る，運動するという意見が出た。発散方法については（比較的納得する子どもが見られたが），自分やまわりの人のことを傷つける行為も含まれているため，別の方法を考えていってほしいと伝えた。

　不安や悩みがあるときの解決手段を確認したうえで，「不安や悩みがないほうがよいのかどうか」を考えさせた。すると，「ないほうがよい」と考えた子どもと「あったほうがよい」と考えた子どもが同じくらいの人数になった。それぞれ理由を聞いて

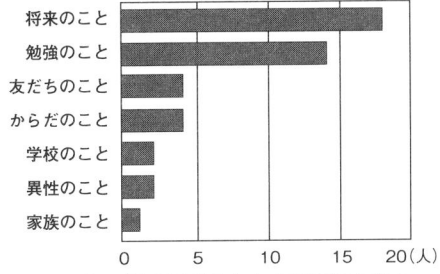

●5年1組の子どもたちの不安やなやみ（2012年調査）

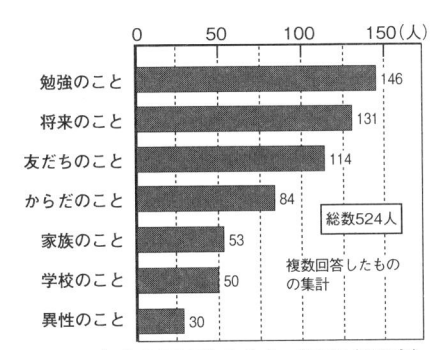

●5年生の不安やなやみ（2007年調査）
（千葉県千葉市『千葉市学校教育に関する意識調査報告書』）

みたところ，「ないほうがよい」と考えた理由は，「不安や悩みがあると病気になる」「不安や悩みがあると眠れない」「不安や悩みがあると，もやもやとした気持ちになる」「ないほうが毎日とても楽しく過ごせる」という意見が出た。不安や悩みによる心のストレスを懸念している子が多いようだ。一方，「あるほうがよい」と考えた子どもは「不安や悩みを解決すると成長できる」「友だちに相談するとすっきりする」「相談する力が付く」「不安や悩みはないほうがよいが，悩みがあるのは人とかかわっているということだからあったほうがよい」という意見を出していた。不安や悩みを解決することや解決する過程での人間的な成長を大切にしている子が多かった。加えて，「不安や悩みはあるものだと最初から考えていたほうが，不安や悩みが生まれたときに気持ちが楽になるから，あってもいい」という，不安や悩みとの向き合い方を変えるという考えも出た。これには，「ないほうがよい」と考えていた子どもにも新しい考えだったようで，大きく首を縦に振りながら考える様子が見られた。

結論として，どちらがよいという考えを教師が示さずに，子どものあげた考えを確認したうえで感想を書かせた。「あったほうがよい」と考えた子どもは，今回の話し合いを通してやはり「あったほうがよい」という考えにいたった。しかし，なかには「病気になったり，自分のことを傷つけたりするのは辛いから『ないほうがよい』という意見にも賛成だ」という感想を書く子どももいた。一方，「ないほうがよい」と考えていた子どもの6割程度は自分の成長につながることに不安や悩みの価値を見いだして，「あるほうがよい」という考えに変わっていった。「不安や悩みはあると思っていたほうが楽だ」という考えに賛同して考えを変える子どももいた。また，「あったほうがよい」という考えを受け止めたうえで，「解決できないとつらいままだ」「他のことでも成長することはできる」という考えで「ないほうがよい」という感想を書く子どもも4割程度いた。

6．授業を振り返って

今回の授業に臨むにあたり，子どもは心のとらえや心の成長についての知識をある程度もっているので，子ども同士の交流が学びにつながると考えていた。実際の授業では，前述のように，自己の考えや経験を，話し合いを通して交流させることにより，多くの学びが生み出されたと思う。他者の考えにふれ，自己が考える心のとらえを広げたり，深めたりする子どもの姿を毎時間見取ることができた。また，新たな考えが出たり，共感できる考えが出たりして，とても刺激的な時間となるため，子どもは他

者の意見に関心をもちながら積極的に耳を傾けていた。学びを生み出すために子どもの声に教師が耳を傾けること，子どもを授業の中心に据えるということの大切さをあらためて感じる機会となった。

しかし，課題が残った。それは「実感」を伴わせることをさせたかったということである。話し合いが学習活動の中心となったため，心と体のつながりを体験するような活動や不安や悩みを解決する方法を実際に試してみるといったことができなかった。体験することで「感じる」ことができたのではないかと思うので，単元計画の修正を加えて次回は取り組んでみたい。

(菅原知昭)

ちょっと一息

「食」は心のバロメーター

　幼児をもつ保護者の悩みに，「食」に関するものがとても多いです。食が細いこと，食べムラがあること，好き嫌いが激しいこと，食べるのが遅いことなどさまざまで，そのことが保護者の大きな育児ストレスになっています。そして，「いつになったらこのような悩みは解消するのか」と聞かれます。あるスクールカウンセラーによると，「さまざまな場に行き，さまざまな人とかかわり，たくさんの人とかかわれるようになると，食べる量も種類も増えていく」といいます。確かに，好き嫌いの多い幼児も幼稚園でお弁当を食べ始め，小学校へ入学して給食が始まると，食べられるものが驚くほど増え，食へのこだわりは減り，柔軟になっていきます。そのことは友だちや先生とのかかわりの柔らかさにも共通します。

　17年以上勤めていた中学校でも，「食事」はとても重要な心の指標でした。クラスメートと一緒にご飯を食べたくない（食べられない）子，母親の作った弁当を毎日食べずに捨てる子，母親に弁当を作ってもらうまで待って遅刻する子，弁当は作ってもらえるが朝食・夕食は作ってもらえない子……どの生徒もきまって，やる気や踏んばる気力が湧いてこないと訴え，漠然とした不安を抱えています。食べることを通して人とつながることで子どもたちは安心感を得て，しなやかに生きていくものなのでしょう。今後，家庭の中でも，教育の現場でも，ゆっくりしっかり食べる時間をもち，また，食べることを通してたくさんの人とつながり，安心感を得られるよう意識していく必要があると感じています。

(佐見由紀子)

「心の健康」の実践例2　〔中学校〕

"感情のコントロール"（中1）

（心の健康）

1．探求したい内容

- 怒り，悩み，緊張など心の変化によって起こる身体面の変化
- 精神と身体の密接な関係と影響
- 自分の感情やストレスに対処する力に必要な思考や行動

2．指導上の工夫

①感情のバランスシートやストレスチェックテストにより，自分の心の状態やタイプを知り，自分に合った対処法に気づき，日々の生活に生かせるようにする。

②感情が起きる仕組みを大脳の仕組みから理解する。大脳の旧脳で感じた怒りや不安をコントロールするためには，新脳の部位を使うと効果があることに気づかせる。

③身体の変化を測定する。緊張など心の変化により，心拍数，呼吸，発汗などが変化することに気づかせる。

3．単元の流れ（4/5時と5/5時）

時	テーマと学習内容及び学習活動
4	「感情のコントロール」 感情が起こる原因を大脳生理学の仕組みから理解し，感情のコントロール方法（リマインダー，ストップ法，深呼吸，カウントダウン法，心地よいイメージ）を理解することで，自分に合ったコントロール法に気づく。 ①DVD『人体Ⅱ　脳と心』を視聴し，感情の起きる仕組みを理解する。 ②自分の怒りのタイプに気づき，タイプ別対処法を考える。 ③事例練習を通して，自分に合ったコントロール方法の組み合わせを考える。 <導入>

4	・感情のバランスシートを使用して,最近1週間に起きた感情について記入してみる。 ・「怒りのタイプ」チェックを行い,自分の対処方法(怒りを抑えられない,怒りを抑えてイライラ,怒りもイライラも起きない,怒りをコントロールできる)を判定する。 <展開> ・DVD『人体Ⅱ 脳と心』で感情の起きる仕組みについて,旧脳と新脳の違いから理解する。 ・導入でチェックした自分の「怒りのタイプ」から,自分に合ったコントロール方法について組み合わせを考える。 ・相手に嫌なことを言われる事例練習を通して,ロールプレイにより,自分に合った対処法を試して,その効果について考える。 <整理> ・それぞれのタイプから1人ずつ,感じたこと,わかったことを発表する。
5	「欲求やストレスの対処方法」 ・欲求やストレスに対処する力は,心の成長に必要なことを理解し,欲求を我慢したり,ストレスに対して前向きに考える方法を学習する。 ・過度のストレスを受けると,どのような身体症状が現れるのか理解し,症状を予防したり軽減する方法を考える。 ①ストレスチェックテストにより,自分のストレスのタイプを知る。 ②早押しクイズなど緊張が伴ったときの心拍数を測定する。 ③過度のストレスにより不眠,頭痛,腹痛などの症状が現れたり,免疫機能が低下することを理解する。 ④さまざまな事例を通して欲求やストレスに対処する方法を学習し,生徒の経験や考えから100のストレス解消法を作成する。

(山本浩二)

〈参考となる図書・資料〉
NHK(2008)DVD『人体Ⅱ 脳と心 人はなぜ愛するか～感情～』NHKエンタープライズ
相川 充・佐藤正二(2006)『実践! ソーシャルスキル教育 中学校』図書文化社
安 孝弘・嶋田洋徳・坂野雄二(1992)「中学生用ストレス反応尺度作成の試み」『早稲田大学人間科学研究』第5巻第1号

「心の健康」の実践例3　〔高等学校〕

"ストレスをマネジメントする"（高1）

（精神の健康）

1．探求したい内容

- 精神と身体の密接な関係
- 自己のストレス場面やストレスの原因（ストレッサー）
- ストレスの付き合い方と対処法

2．指導上の工夫

現在の自己の心理状況やストレスの原因を把握し，自分に合ったストレス対処法を知って実践する能力を身に付ける。そのため単に心理学的な知識の伝達ではなく，自己の体験や身近な人の体験談などを踏まえて，より実生活に活用できるスキルを身に付けるように工夫する。

①自己の体験や身近な人や有名人等の具体的な例や資料を活用する。
②ロールプレイングやディスカッションなど生徒同士の交流を通して，自己理解と他者理解を深める。

3．単元の流れ（3時間単元）

時	テーマと学習内容及び学習活動
1	「ストレスは敵？　それとも味方？」（心身の相関とストレス①） ・心と体は密接な関係があることやストレスの正体について理解する。 ・ストレス自体は必ずしも悪いものではないことや，原因はさまざまであること，心身症は身近な病気であることなどを知る。 ①心と体のかかわりを表す言葉の紹介や具体例の発表 ・「手に汗を握る」「病は気から」など。緊張するとトイレに行きたくなったり，手に汗をかいたりすることなど，心身相関の体験談などを発表してもらう。 ②ストレスの原因や心身症の話の紹介

2	• イチロー選手が2009年シーズンに極度のストレスなどから心身症を患ったことなどを紹介。誰でもかかる可能性のある病気だということを認識する。	
	「あなたはどんなときにストレスを感じる？」（心身の相関とストレス②）	
	• ストレスの原因についての自分自身の受け止め方を見直す。 • ストレスを「克服する」ものから「上手に付き合う」ものとして発想の転換を図る。	
	①自分のストレスの原因（ストレッサー）に気づく。 • どんなこと（物，人，場面など）にストレスを感じるか，3つ書き出す。 ②現在のストレス度を知る。 • 簡易的なストレスチェックを行い，現在の自分のストレス度を測る。 ②物事のとらえ方を変えることによる対処法を知る。 • 「まだ半分ある」「もう半分しかない」など同じ事象でも見方を変えることによって，前向きに考えられることもあることを学ぶ。	
3	「自分に合ったストレス対処法を見つけよう」（ストレスの対処法）	
	• ストレス対処法にはどのようなものがあるかを紹介する。 • さまざまなストレス対処法を体験して，自分に合った方法などを探し，実生活に生かす。 • 生徒同士の交流を通して，人間関係から生じるストレスについて考える。	
	①気分転換やリラクセーション • 体ほぐしの運動の紹介（ペアストレッチング，セルフリラクセーションなど） • リラックスを促す音楽や香りなどの紹介 • 自分に合ったストレス対処法の発表 ②アサーション・トレーニングやロールプレイングの実施 • 自己表現や傾聴の技術を身に付けることで，人間関係でのストレスを軽減する。	

（阿部隆行）

〈参考となる図書・資料〉
松木繁編著（2004）『教師とスクールカウンセラーでつくるストレスマネジメント教育』あいり出版
諸富祥彦（1999）『学校現場で使えるカウンセリング・テクニック（上・下）』誠信書房

コメント 「心の健康」の実践について

　「胸の奥にピンクのハート形をした『心』がある」——そんなことはありえないことは小学校の高学年にもなればわかっていることです。それでも，「心は見えない」という思いは誰でも潜在的にもっている気がします。
　小学校の菅原先生の実践（**実践例１**）では，そんな見えない心に対して，それぞれのイメージをもつ子どもたちに，どうやって心の存在に気づかせていこうかという工夫が見られます。「心の成長とは何だろう？」「心と体はつながっているのか？」「不安や悩みはどうやって解決するの？」と疑問を投げかけ，子どもたちの自由な意見交流を引き出しています。子どもたちは自由な話し合いの中で，自分の思いを伝えようとしたり，友だちの言葉から「そうか」と気づいたりすることで，自分が感じている「心」を再構成しています。「心」を感じ，気づいていく姿が見えているといえるでしょう。しかし，「不安」や「悩み」といったストレスとのかかわりとなると，肯定的に受け止めることができない子どもも半数近くいることから，小学生ではまだまだ難しい課題のようにも感じられます。
　中学校の山本先生の実践（**実践例２**）では，感情が起こる仕組みを，映像を利用して理論的に理解させることによって肯定的にとらえ，ストレスを積極的に受け入れる必要性に気づかせています。そこには小学校とは異なるストレスの受け止め方があることがうかがわれます。
　高校の阿部先生の実践（**実践例３**）では，ストレスは誰もが当然持ち合わせているものであるという前提でスタートし，ストレスそのものの理解の仕方や対処について深く気づかせようとしています。さまざまな対処法の紹介や仲間との交流から，自身に適した対処法を見つけさせています。
　このように，年代によって心やストレスのとらえ方はさまざまであっても，仲間とのコミュニケーションから「気づき」を生み出し，そこから自分自身に向き合う必要性を求めていることは同様といえるでしょう。そして，どの年代の子どもたちにも，日々過ごしている中での数々の行動は，心のあらわれであり，それをうまく受け入れていくことが生きていく上で大切であることに気づかせていくことが共通のテーマであると感じられました。

（上野佳代）

ちょっと一息

幸せになるために必要な能力とは？

　優秀な成績がとれれば難関大学に進学でき，高収入が得られる就職ができる。そして，最終目的「幸せな生活」を獲得することができる。というストーリーは，長く日本の社会に根づいている常識（？）です。ところが最近，難関大学の学生が公の場で故意に騒ぎを起こしたり，就職できずに家に籠っていたりというニュースを耳にするようになり，優秀な成績＝幸せな生活につながるとはかぎらないという現象が見られるようになってきました。多くの児童生徒とかかわっている先生方も，「あの子はいい成績をとるけど，心配だな」「優秀だけど，あれではこれから先困るだろう」と感じることが少なくないと思われます。

　では，子どもが幸せになるためにはどんな能力が必要なのでしょうか。かつて広く活用されていた知能指数ＩＱに代わり，こころの知能指数ＥＱの必要性が唱えられています。これには，「自分の感情に気づきコントロールする能力・自分を高めようとする能力」と「他者が抱いている感情に気づき，他者とうまくやっていく能力」の二つの能力があります。つまり，集団の中で他者とうまくかかわりながら自分を確立することができる力といえるでしょう。

　また，子どもたちの集団（学校）生活における意欲を測定するテストに，ＱＵテストがあります。このテストは，「学校生活意欲尺度」と「学級満足度尺度」を測定し，「友人との関係」「学習意欲」「教師との関係」「学級との関係」「進路意識」がわかるようになっています。また，「ソーシャルスキル尺度」も含まれ，「配慮」のスキルと「かかわり」のスキルも測定できます。このテストを学級経営に活用する学校も増えてきました。

　子どもたちがこれから幸せになるために，個々の実態に応じた手立てが必要になってきています。教師間で同じ視点で検討し合う材料として，活用価値のあるテストであると思われます。

（上野佳代）

〈参考文献〉
ダニエル・ゴールマン著／土屋京子訳（1996）『ＥＱこころの知能指数』講談社
河村茂雄『hyper-QU よりよい学校生活と友達づくりのためのアンケート』図書文化社

「けがの防止」の実践例1　〔小学校高学年〕

"けがなんて怖くない"（小5）

（けがの防止）

1．探求したい内容

- 校内におけるけがの発生の原因を調査し考察することにより，身の回りの環境を整えることの必要性を理解する。
- けがの手当は，けがの種類に応じて速やかに行う必要があることを理解する。

2．指導上の工夫

「感じ」を「気づき」に変化させるための工夫。
①課題に対する必然性をもたせる発問
②課題解決に必要な資料を自分たちで集める
③養護教諭とのティームティーチングの実施
④自分の経験から，よりよい解決方法を探す

3．学びを見取るための視点（評価規準）

①学校生活におけるけがの現状とその原因を知り，安全な行動や環境づくりに心がけ，けがのない安全な生活習慣を自ら身に付けようとする。
②けがの原因には人的要因と環境的要因という2つの要因があることを理解し，危険を予知したり，回避したりする視点をもつ。
③けが人が出たときの対処はどのようにしたらよいかを知り，自分や他人のけがの手当てを適切にしている。

4. 単元の流れ（全4時間）

時	テーマ	活動内容	
		児童の考えの流れ	
1	けがって何だろう？ なぜ，けがをしてしまうのだろう？ ○取り組みについての意識化，必然性をもたせる。	これから学習する「けが」について全員で共通の認識をもつ。	
		けがをすると痛いし，けがはしないほうがいい。	なぜ，けがが起きるのか，なぜ，けがはしないほうがいいのか，気づく。
2・3	けが探偵団でけがの秘密を探ろう！ ○けがの発生原因と危険箇所の把握。	けがの発生状況を資料から読み取る。 けがの発生する場所と場面を具体的に出し合う。	
		校庭でけがをしている子はよく見かけるな。 廊下でぶつかってけがをしたことがあるよ。	実際の数字を見て，場面を見ることにより，具体的な場所と場面に気づき，けがの発生しやすい場所や状況について知る。
4	けがなんて怖くない。 ○けがの手当てについて知る。	いままでの自分のけがと，その手当てについて振り返り，手当ての方法と意味について知る。	
		洗って，消毒して，絆創膏を貼ることは知っている。痛いから水で洗うのは苦手だな。	一つ一つの手当てには意味があることに気づき，適切な処置を知る。

5. 学びのあしあと

[第1時] けがって何だろう？　なぜ，けがをしてしまうのだろう？

　「けがをしない」ように気をつけることは当たり前である。どの児童も当然のように知っている。しかし，毎日同じようなけがが発生する。どうしてだろう。なぜだろう。そもそも，どうしてけがをしてしまうのだろう。という，ふだんはなにげなく感じていた無意識の「感じ」の部分を教師の発問により意識のレベルまで引き上げるために「けがってなんだろう？」という発問を行った。

　「けがって何だろう？」と児童に問いかける。「血が出ること」「皮膚が切れてしまうこと」「傷になってしまうこと」「痛い」「つらい」といろいろな考えが出てきた。もちろん全員がけがをした経験がある。

誰もがけがをするものであり，けがをすることは別に悪いことではないということを伝え，「なぜ，けがをしてしまうのだろう」という本時の主発問を投げかける。「自転車で転んだ」「友だちとぶつかった」「校庭で転んだ」「体育の授業中に突き指をした」「階段で滑ってしまった」「机の角にぶつかった」と，けがの自慢大会が始まった。ここでは原因やその後の経過については問うことはなく（第4時に扱うため），自慢大会が一段落したところで，これからの学習の進め方を提示する。

　児童は，けがの発生について「運が悪かったから」「自分が不注意だったから」「相手がよく見ていなかった」などと，けがの発生を，自分の不注意や不可避なものとしてとらえていることが多い。もちろん，けがの発生を防ぐための方法や，けがをしないためにとるべき行動については，いままでの体験や経験から「感覚（感じ）」としては知っている。本時では，このような児童の「感じ」を根拠のある「気づき」に変化させ，日々の生活で実践させるために上記のような発問の工夫を行った。

　この発問を行うことで，児童はこれからの学習を進めていく思考のよりどころをもつことになる。教師が一方的に教えたことではなく，自分の考えを自分の言葉として表現し，実践できる児童を育てることを目指したい。

　また，本時の最後に次時の活動として本校の実際の数字を集計すること，自分たちでけがの起こりそうなところを写真に撮って取材することを伝えると，「早くやってみたい」「こうなんじゃないか」と早速，作戦会議が始まり，意欲の高まりを感じた。

[第2時]けが探偵団でけがの秘密を探ろう！①（第2・3時の連続実施）

　学習課題を自分のこととしてとらえることは学習の効果を高めるために有効であると考える。そこで，今回の実践では，教科書にある統計資料や図表に頼ることなく，自分たちで資料分析を行った。

　養護教諭の協力を得て，本校のけがの種類と発生場所の記載してある一覧を使用し，グループで集計し表にまとめた。事前に養護教諭から保健日誌を基に日付，けがの種類，発生場所の情報をもらい，一覧表形式にしたものを用意しておく。しかし，資料の内容によっては，教師の指導の意図に沿って，ある程度の数の調整は行っておく必要はある。今回の実践で使用した資料の件数としては200件ほどである。集計を子どもたちに行わせるか，あらかじめ教師のほうで集計したものを渡すか悩んだが，集計の時間を数字から何かを感じ取る時間として設定しようという意図で，集計は子どもたちに行わせることとした。

　子どもたちは4年生の算数で「資料の整理」を学習しているので資料と集計表を渡

すると早速集計が始まるが、集計している途中に「あーやっぱり」「えっ、意外と廊下が多いな」「ぼくもこの中の1件に入っているな」と数字から多くのことを感じ取っていた。

さらに、集計表がまとまってくると、「やっぱり校庭で擦り傷が多いのは、人工芝だからかな」「よくボール当てをしていて、滑り込むことが多いからな」と、けがの発生の原因をより身近な課題としてとらえ、数字だけではなく具体的な背景まで考えていた。

集計表がまとまったところで、班ごとに気づいたことを発表し合う。集計表から読み取れるのは、けがの種類と発生場所だけだが、いままでの自分たちの経験や想像からけがの発生の原因についても報告していた。やはり自分たちの生活に即した題材を提示することの大切さを実感することができた。

[第3時] けが探偵団でけがの秘密を探ろう！②

班ごとにデジカメを渡し、校内でけがの起こりそうな場所を撮影してくるように伝える。多くの班が同じ場所を撮影してきたことにより、自分たちの学校の中の危険箇所を把握するとともに、けがは特定の場所で発生しやすいという特徴についても実感を伴った理解ができた。

撮影してきたものを印刷して、なぜその場所を撮影したのかを書かせ、掲示した。ほとんどの班が階段を撮影してきたが、撮影した理由に「階段をジャンプして飛び降りる子がいる」という人的要因と「階段のゴムが外れている所に引っかかって転んでしまう」という環境的要因があげられていた。そこで、この2つを取り上げ、何か気づいたことはないかと問いかけると、人的要因と環境的要因の2つに気づくことができた。用語として2つの要因を教師が説明し、他の場所にも2つの要因が含まれていることにも気づくことができた。

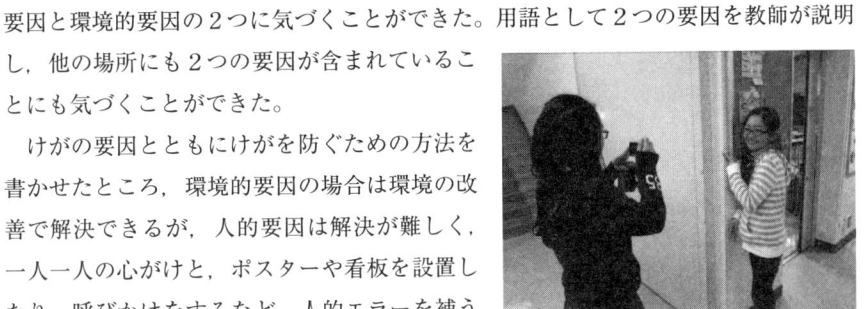

けがの要因とともにけがを防ぐための方法を書かせたところ、環境的要因の場合は環境の改善で解決できるが、人的要因は解決が難しく、一人一人の心がけと、ポスターや看板を設置したり、呼びかけをするなど、人的エラーを補う

ために環境を整えることが有効であることに気づいた。さらに，校外でも横断歩道の前に交通標識が多く設置されていること，駅の階段などに「走るな」と書いてあるというように，校内だけではなく，自分の生活している環境についても考えを広げることができた。

授業のまとめとして学習の振り返りを行い，けがはいろいろな要因が関係して起こるものだと説明し，実際にあったけがの事例をあげると「あぁ～，あるある。でも～すれば，けがをしなかったかもしれないね」と，けがの防止について意識している姿が見られた。

［第4時］けがなんて怖くない

第1時のけがの自慢大会を振り返ると，すぐに多くのけがの種類が出された。それを教師が，①擦り傷，②切り傷，③ねんざ，④突き指，⑤こぶの5種類に分類し，その時の処置について発問した。どの種類のけがもおおよその処置の流れを知っていたが，なぜそのような処置が必要なのかということについては，やはりこれも「なんとなく」「そう習ったから」という回答が多かった。

本時では養護教諭をゲストティーチャーとして招き，なぜ切り傷・擦り傷のときには水で洗わなければならないかということやどれくらい洗う必要があるのかということについてクイズ形式で紹介した。すると，実際にいままで自分が感じていたこととは違っていたことに気づく場面が多くあげられた。傷口に少しでもばい菌が残ってしまうことで化膿してしまうことがわかった児童は「いままではちょっと洗うだけでいいと思っていたけど，これからは痛くてもしっかりと洗いたいと思う」という感想をもち，こぶについての感想では「頭のけがは自分が大丈夫だと思っても，大変なことにつながることがわかったので，必ず先生や大人の人に伝えます」という記述が見られた。

最後に養護教諭から，「けがをしたら速やかに適切に処置することが大切だけど，まずはけがをしないように工夫して生活することが大切です」と前時までの学習を意味づけるまとめの話をしてもらった。

6．授業を振り返って

授業を行うにあたり，まずは自分の中で「感じ」と「気づき」をどのようにとらえ，どのように子どもたちに伝えていくかという自分自身の考えの整理から始めた。

私は，ふだん子どもたちが意識していないことを教師の発問や課題提示により，無

意識の中から「感じ」させ，感じたことに対して子どもたちの課題解決や，教師の意図的な指導で「気づき」に変化させていく（していく）という関係だと考えた。

他の教科でも，同じようなことがいえる。課題を把握し，よりよい解決法を考え，個人や集団で課題を解決するという流れは多くの教科に当てはまる。そう考えてあらためて保健の領域を見渡してみると，この領域は，「感じ」にあふれていた。自分の体，健康，安全，環境などの多くのことは生まれたときから当然のようにあって，多くのことを無意識のうちに感覚として身に付けてきている。だからこそ，ふだんはなかなか意識を向けないところにスポットを当てたときの子どもたちの反応は顕著であった。

そのように考えていくと，「感じ」と「気づき」の後には何が続いてくるのだろう，単元の目標だけではなく，子どもたちが学習によって学んだことを日常の生活にどう生かしていくのかを教師として考えていく必要があるのではないかと感じた。

学習後，本学級におけるけがの頻度に変化はないようだが，子どもたちはけががあると「それは人的要因だ」「これは環境的要因だ」とけがの要因を振り返るようになった。けがは自然に起こるものではなく，いろいろな要因が関係して起こるということに気づき，これからの生活の中で，一つでも減らすことができれば，この授業を行った価値があるのではないかと思った。

（角田恒一）

「けがの防止」の実践例2　〔中学校〕

"身近に潜む交通事故の危険"（中2）

（傷害の防止）

1．探求したい内容

- 交通事故が発生する要因
- 交通事故の発生を予防する方法

2．指導上の工夫

　事故が発生する要因について理解するとともに，自分たちが生活する中に潜むその要因に気づかせる。また，事例やそれを通した話し合い，安全マップの作成を通して，事故は未然に防ぐことができることを理解させ，交通安全についての意識を高め，主体的な学びとする。

①具体的な資料や身近な資料を使用する

　　日常生活の中にある状況を示し，交通事故が発生する要因について，具体的に考えさせる。また徒歩，自転車，スクールバス等で通学する際に考えられる危険について，安全マップの作成を通して具体的に考えさせることで，自分たちの問題として意識させる。

②生徒同士による検討の場を設ける

　　安全マップは，作成後に発表し合い，その場で検討させる。さらに，情報の追加可能な状態で掲示する。全校生徒が安全マップの作成にかかわり，検討することで，安全に対する意識を高められるようにする。

3．単元の流れ（4時間単元）

時	テーマと学習内容及び学習活動
	「交通事故はなぜ起こる？」
	・事例をもとに，交通事故が発生する要因について理解する。 ・交通事故の発生には，人的要因，環境要因，車両要因の3つがかかわっていることを理解する。

1	①交通事故の事例をもとに,発生の要因を考える。 ・班ごとに考えられる要因を話し合い,互いの考えを出し合う。 ②要因を理解しやすく分類する。 ・何が原因になって発生しているのか注目し,分類する。 ③人的要因,環境要因,車両要因のそれぞれがかかわりながら事故が発生することを理解する。
2	「交通事故を予防するために必要な能力とは」 ・交通事故の予防には,危険を予知することが大切であることを理解する。 ・写真から,このあと予測される危険について,班ごとに考えを出し合う。 ①予測した場合と,予測できない場合の違いを実感しよう。 ・ペアになり,一人は定規の一端を持ち,持った方を上にして定規を垂直に構える。もう一人はその下に片手を構え,落ちてくる定規をなるべく素早くキャッチする。1回目は,離す前に何も合図をしないで行う。2回目は,離す前に合図をする。2回の記録を比較することで,予測した時と予測できない時の反応の違いを実感する。 ②写真から,その後に起こりうることについて班ごとに考えを出し合う。 ・目に見える多くの情報の中から,危険を予測できることを理解する。 ・予測によって,事故を未然に防ぐことができることを理解する。
3	「通学路の交通安全マップを作成しよう」 ・地区ごとのグループになり,通学路の交通安全マップを作成する。 ○徒歩,自転車,スクールバス等で通学する際に,予測される危険は何か? ・人的要因,環境要因,車両要因等の視点でマップに付箋を貼っていく。
4	「各班の交通安全マップを発表し合おう」 ・作成したマップを発表し,検討し合う。 ・作成したマップを学内に掲示し,全校生徒で情報を共有する。 ①危険個所の見落としがないか,全員で検討する。 ②マップを掲示する。 　情報の追加可能なマップとして掲示し,全校生徒の交通安全についての意識を高めさせる。

(谷口善一)

〈参考となる図書・資料〉
森　昭三・和唐正勝編著(2002)『新版　保健の授業づくり入門』大修館書店
保健体育教材研究会編(1999)『新版「授業書」方式による保健の授業』大修館書店

「けがの防止」の実践例3　〔高等学校〕

"応急手当とけがの予防"(高1)

（応急手当）

1．探求したい内容

- 日常生活でのけがと防止
- 応急手当の意義と積極的な対応
- 心肺蘇生法の実践

2．指導上の工夫

　自らの生活を振り返り，けがの危険性について考え，リスクマネジメントできるような主体的な学びにする。また，応急手当の意義と効果を理解し，日常的な応急手当の手順や方法を身に付け，冷静に対処できるよう実践を通しながら学ぶ。

①身近な環境を想定して，けがのリスクを考える

　　身近な環境（授業，部活動など）について，けがのリスクを考えることで，けがはいつどこでも起こるということに気づき，より安全に対する意識が高まる。

②デモ器具を用いて，心肺蘇生法を体験する

　　デモ器具を用いることで，心肺蘇生法の動きや場所を実際に理解することができ，主体的に学ぶことができる。

3．単元の流れ（4時間単元）

時	テーマと学習内容及び学習活動
1	「まわりの環境におけるけがの危険性について調べる」 ・自らの生活を振り返り，けがのおそれのある事例について考える。 ・けがはどのように防ぐことができるかを検討する。 ①それぞれの部活動で予想されるけが（今回は病気も可とした）は何だろう？ 　例）陸上部……肉離れ，熱中症　　サッカー部……捻挫，打撲 ②身内の仕事で予想されるけがは何だろう？（事前に調べておく） ・家族とのコミュニケーションを増やし，仕事の様子を聞く。

	③それを防ぐためにはどうしたらよいか調べてみよう。 　例）肉離れ……十分なストレッチ　捻挫……注意してプレーする。バランス能力
2	「応急手当の意義と日常的な応急手当」 ・応急手当の意義と日常的な応急手当について理解することができる。 ①もし部活動中，それでもけがが起きてしまったら君たちはどう対処しますか？ 　例）水で傷口を洗う，冷やす，救急車を呼ぶ，保健室の先生を呼ぶ けがは，筋肉などの組織が損傷し，その部位が腫れたり出血したりすること。 けがを最小限にくいとめるためには⇒早く出血や腫れを抑えることが最重要 ・応急手当の意義を理解し，手当の方法を知る。 ②初期行動のLAST ③RICE処置 ④熱中症 ⑤前回あがったけがは，どのように応急手当したらよいでしょう？ ・けがの現場を想定して，前回の授業であげられたけがごとに検討する。
3	「心肺蘇生法の原理と手順」 ・心肺蘇生法の原理と手順を理解することができる。 ①救急車が到着するにはどのくらいの時間がかかるだろう？ 救急車の到着には時間がかかる（平均7分）。心肺停止後3分で死亡率は50％にも上がる⇒「君たちの迅速かつ的確な応急手当が，傷病者が助かる可能性を高めることができる」 ②心肺蘇生法の原理 ・科学的な原理に基づいている（反応の確認，気道確保，胸骨圧迫，AED） ③心肺蘇生法の手順 ※心肺蘇生法は，近年手順が見直されているので，常に正確な情報を指導する。
4	「心肺蘇生法の行い方」 ・前回の心肺蘇生法の原理と手順に従って，心肺蘇生法を実践することができる。 ・AEDの使用方法について理解し，実践できるようにする。 ①心肺蘇生法の実践 　ダミー人形を用いたデモンストレーションと実践 ②AEDの使用方法 　東京マラソンに出場したタレントの松村邦洋さん（新聞記事）

（高橋修平）

〈参考となる図書・資料〉
米国小児科学会（2008）『こどものファーストエイド』医学映像教育センター
藤原尚雄，羽根田治（2012）『新版 レスキュー・ハンドブック』山と渓谷社

> **コメント** 「けがの防止」の実践について

　小学校高学年の角田先生の授業（**実践例１**）では，校内で起こる「けが」がテーマになっています。授業では，ふだんの生活の中で起こっていた身近な出来事を"自分ごと"に引き寄せるための手立てがとられています。「けが自慢」からスタートしたことも"自分ごと"として「けが」を考えるための方法の一つだといえます。子どもの興味をかき立てるような「けが探偵団」という活動では，校内のけがの実態を調べ自分たちで集計していきますが，その作業の過程で気づきが生まれていく様子が紹介されています。教科書にある一般的な統計表を使わずに時間をかけて自分たちの学校独自の集計表を作成していくことに意味があったのだと思います。単元の終盤には養護教諭が登場します。保健学習において養護教諭と連携できることは貴重な機会です。しかし，任せっきりになったり，ただその場に居るだけになったりするのでは意味がありません。その点，本実践ではふだんから「けが」の処置をしている養護教諭だからこそ言えることや場面が設定されており「意味」や「必要感」があったように感じます。養護教諭と連携する際に考えたい大切な視点です。

　中学校の谷口先生の授業（**実践例２**）では交通事故をメインに扱い，小学校の実践からは場も内容も発展しているような印象を受けます。しかし，安全マップの作成や事故の要因を議論すること，予防に向けた対策を考えることなど，小学校の実践と通じる内容が盛り込まれていることに気づきます。小学校で"自分ごと"として「けが」をとらえ，さまざまな感じと気づきの中で学んできた過程は，中学校ではよりダイナミックなテーマの中で生かされていると感じました。

　そして高校では，応急処置や心肺蘇生などの内容が入ってきます。高橋先生の授業（**実践例３**）では，AEDの使用方法などを実践しながら助けを必要としている他者にどのようにかかわり，貢献していくのかということまで踏み込んでいきます。実際にこのような場面に遭遇した場合は，自分のもっている知識と経験を総動員して事にあたります。まさに，小・中学校で培っていくであろう「"自分ごと"としてとらえ，考える力」が発揮されるのではないでしょうか。

　教師が高校までの学習内容を把握して授業に臨むことで，校種ごとに無理にゴールを設定しなくとも学びの過程を重視していくことで気づきが生まれ，次につながっていくことがわかると思います。今回の３実践から，そのような見通しをもつことができそうです。

（石塚　諭）

ちょっと一息

「石鹸による手洗い」と「擦り込み式消毒用アルコール製剤」どちらがいいの？

　近年の感染症の流行の影響で、擦り込み式消毒用アルコール製剤が、建物の入り口やトイレ、いたるところに置いてあるようになりました。手を清潔にするには、「水と石鹸による手洗い」と「擦り込み式消毒用アルコール製剤」とどちらがいいのでしょうか？

　擦り込み式消毒用アルコール製剤は、「水がなくてもどこでも使用できる」「携帯用は持ち運べる」「持続的効果が得られる」などの利点があります。

　一方、石鹸で手を洗ったときの気持ちよさは格別ですし、できるかぎり薬品は使いたくないという方もおられるでしょう。アルコールを使うと腫れてしまうという方もおられるかもしれません。

　ふだんの手洗いでは、「石鹸と流水で手を洗う」なら「10～15秒洗う」ことが必要です。病院の関係者でさえ平均7～10秒程度だそうで、10～15秒ってけっこう長いですよ。こんど手を洗うときに、時間を計ってみてください。

　さらに最近は、嘔吐を伴うような感染症も流行っていますよね。そのような嘔吐の処置をした後は、気持ち的にはいつもより丁寧に手洗いをする方が多いと思いますが、特別な手洗いをする必要があるのでしょうか。じつは、「すべての血液、体液（汗を除く）、分泌物、排泄物、粘膜、けがのある皮膚には、感染の可能性がある」とみなし、これらの物質に触れた後は、「衛生学的手洗い」を行います。「衛生学的手洗い」の方法は、石鹸と流水で30～60秒間手洗いをするか、それだけの時間をかけられない場合は、アルコール製剤を使うというものです。ただし、目に見える手指の汚れがある場合は、微生物の汚染のレベルが高い可能性もあるので、必要に応じて「石鹸と流水による手洗い」と「消毒薬」を併用したほうがよいといわれています。また、けがに触るなどして血液に触る危険性がある場合は、必ず使い捨て（ディスポーザブル）手袋を使用しましょう。

（岡田加奈子）

〈参考文献〉
岡田加奈子（2013）『養護教諭の常識？　非常識？』少年写真新聞社

「病気の予防」の実践例1　〔小学校高学年〕

"健康な人生を目指して"（小6）

（病気の予防）

1．探求したい内容

- 健康について意識し，不健康との差異から自分の健康な生活のあり方に気づく。
- 自己・他者・モノとのかかわり合いの中で健康・不健康な状態について考え，病気の予防，対処の仕方などについて理解し，自分の生活に生かそうとする。

2．指導上の工夫

①学んだことと自分の人生を結びつけるように発問したり振り返りをさせたりする。
②自分の経験や他者とのかかわりを通じて自分の考えを整理できるようにする。

3．学びを見取るための視点（評価規準）

①自己・他者・モノとのかかわり合いを通して，今後の人生に生かそうと自分の考えを再構成している。
②気づきや情報を手がかりに友だちと話し合い，自分の生活を改善しようと振り返っている。

4．単元の流れ（全8時間）

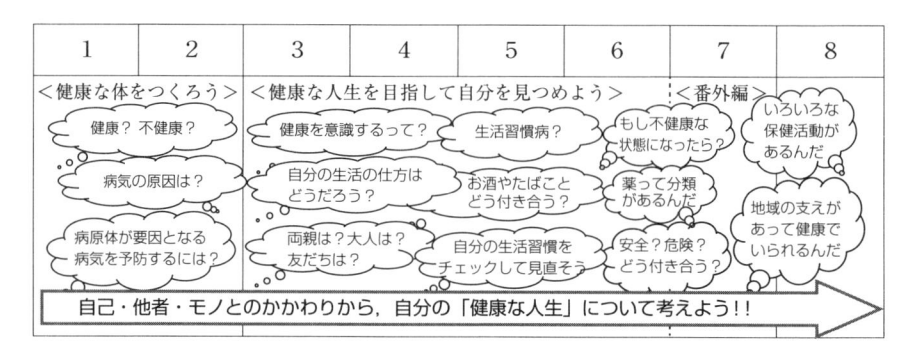

1	2	3	4	5	6	7	8
<健康な体をつくろう>		<健康な人生を目指して自分を見つめよう>					<番外編>	
健康？不健康？		健康を意識するって？		生活習慣病？	もし不健康な状態になったら？		いろいろな保健活動があるんだ
病気の原因は？		自分の生活の仕方はどうだろう？		お酒やたばことどう付き合う？	薬って分類があるんだ		地域の支えがあって健康でいられるんだ
病原体が要因となる病気を予防するには？		両親は？大人は？友だちは？		自分の生活習慣をチェックして見直そう	安全？危険？どう付き合う？		

自己・他者・モノとのかかわりから，自分の「健康な人生」について考えよう!!

5. 学びのあしあと

[第1時] なぜ病気になるの？

　まず，健康を意識することは，不健康になってわかることでもあると考え，健康・不健康のイメージを出し合っていった（写真）。健康なときは「スカッとした気持ち」「体が思いどおりに動く」，不健康なときは「体が重い」「寒気がする」など，ほとんどの意見が体で感じたことを表すようなものだった。そこで，WHOによる健康の定義を確認するとともに，病気にはどんなものがあるのかを考えていった。出された病気のほとんどが感染性疾患（風邪やノロウィルスなど）であり，この時点では生活習慣病についての回答は出されなかった。

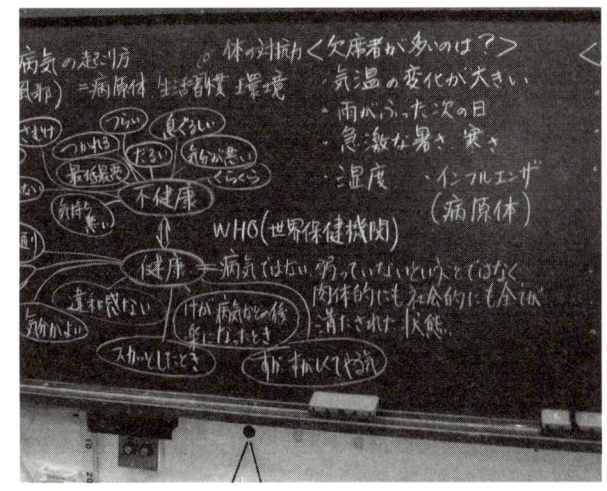

　「なんで病気になるの？」とある児童が質問すると，「菌が体の中に入って暴れるからだよ」「生活習慣が乱れているからだ」「寒いと風邪をひく」などという意見が出されたので，教師は，学校の日ごとの欠席者数や欠席事由，日ごとの雨温図等を提示し，その原因について考えることにした。すると，資料を見ながら「急に気温が下がった日の次の日に休む人が多い」「雨の日は意外と風邪で休む人は少ないな」などの気づきが生まれ，環境の急激な変化が影響することや湿度が風邪などの病原体を原因とする病気に影響があることなどが共有されていった。また，生活習慣の乱れやストレスなども病気につながるのでは，という意見も出された。

[第2時] 病原体に負けない体を

　前時の授業で，病原体が主な原因となってかかる病気について話し合ったが，インフルエンザについて関心が高い児童が多かったので，インフルエンザの予防を中心に考えることにした。病原体が主な原因となって病気にかかることは共有されているため，課題となった生活習慣の影響にスポットを当てた。

まず，いままでにインフルエンザにかかったことのある児童とそうでない児童を確認した。すると，ここ数年の流行もあってか，ほとんどの児童が感染していることがわかったが，数人の児童がかかっていないと回答し，みんなの関心はその人たちがどうして感染しなかったのか，どんな生活をしているのかに集まった。

　そこで，一人一人の生活習慣を振り返って，かかった人とそうでない人には違いがあるのかを検証することにした。その違いの一つが睡眠時間であった。かかった児童にも睡眠時間が長い児童がいたが，かからなかった児童はみんな早寝早起きの生活習慣が身に付いているという結果が現れた。また，食習慣についても，肉よりも魚を好む傾向にあることや野菜が好きでよく食べることがわかった。それが確実にインフルエンザの発症に影響があるとは言いがたいが，その結果を受けて，生活習慣を改善することがかからないようにするための一つの方法なのではないかということが共有されていった。

[第3時] 健康な人生を送るためには？

　まずは自分の人生設計を立てながら自分の人生と健康との関連について考えることにした。「○○歳までは生きたい」「病気はしたくない」などとつぶやきながら，想像を膨らませて楽しく活動に取り組んでいた。

　教師から「今，人生で一番大切にしたいこと（もの）は何？」と発問すると，ほとんどの子が「家族」というキーワードをあげた。そこで，ある生命保険会社が行った「健康づくり・健康意識調査」の結果を示し，「男性は30代から，女性は50代から，健康をキーワードにあげているんだね」と伝えると，子どもたちは驚きの声を上げ，「女性は子どもが自立してから自分の健康を意識するんだね」などと気づいたことを述べていた。

　「なぜ年齢が上がると健康を気にするようになるのかな」と投げかけると，自分のまわりの大人をイメージしながら友だちと話し合い，「体が老化し，抵抗力が弱まる」「長生きしたいと思うようになる」などの意見が出された。前時まで病原体が原因で起こる病気について取り組んできたため，「風邪をひいたら治らない」というようなイメージだったが，日本人の死亡原因の多くが「がん」や「糖尿病」などの非感染性疾患であることに気がつくと，その原因が気になる子が現れはじめた。

[第4時] 生活習慣病って何だろう？

　はじめに，「どうすると生活習慣病になるのか」という問いについて考えることにした。ぼんやりとそのイメージがあるようで，子どもたちは「ストレスが原因」「運

動不足や不規則な生活が原因だ」などと予想を語っていた。

　そこで教師は,「もしあなたが生活習慣病になるおそれがあるとしたら,好きなことは続ける？　やめる？」と問うと,意見が分かれた。「なぜやめないの？病気になったら苦しいよ」「でも無理したらストレスがたまるよ」などと議論がなされた。しかし,この時点ではまだ具体的な発病の原因が明らかではなかったため,ストローと動物油脂を使用して「高脂血症」を模した実験で理解を促したところ,「血管が詰まったら心臓が止まっちゃうよ」「肉ばかり食べているとこうなる可能性があるのかな」などと実験の結果から自分の食習慣と照らし合わせて考える姿が見られた。事前に取り組んだ生活習慣のチェックシートと照らし合わせながら,どこを見直せばこうならないかを考える子も多く見られ,自分なりの改善方法を模索しているようだった。

　最後にもう一度,「生活習慣病のおそれがあるとしたら」と問うと,「やめる」という意見が増えたが,一方で「続ける」という子も増えたため理由を問うと,「ストレスをためたくない。ふだんから気をつけているから上手に付き合えば大丈夫」と答えていた。

[第5時] 身近なことからコツコツと。8020運動!!

　最初は,自分の歯を観察し,歯の機能について考えることにした。自分の歯の本数を数えると,友だちと違うことに気づいたり,完成形はどんな状態なのかが気になったりしていた。また,なぜいろいろな形をした歯があるのかを考えている児童や歯茎の色の違いに気づき,本来はどんな色をしているのかということを確かめようとしている児童もいた。そこで,大人の歯の本数を確認すると,「もう大人と同じだ」「私はまだ生え替わるのかな」など,近くの席の友だちと話し合っていた。

　その後,歯の働きについて考えると,ほとんどの児童が「食べるため」にあるものだと感じていたため,歯があって滑舌がよくなっていることや,ハンカチを歯にかぶせるとかみ合わせが悪く,歯の形にも意味があることを確かめた。

　年をとると歯が抜けていき,今と同じようにはいかなくなることに気がついた児童は,すでに虫歯の治療の話や歯磨きの話をしはじめていたので,それを共有しながらも歯周病や生活習慣病との関連性について話し合った。

　最後に,「私たちの8020運動○か条を決めよう」と投げかけ話し合うと,互いにど

う歯磨きをすればよいか，歯磨き以外にも口をゆすぐことが大切だ，などの意見を交流して活発に話し合っていた。

[第6時] どう付き合う？　お酒とたばこ

　「自分が成人を迎えたら」と題して，「酒を飲みたい／飲みたくない」「たばこを吸いたい／吸いたくない」という選択をするところから授業に入った。酒については肯定的なイメージが多く，「飲んでみたい」「少しなら」という意見が多く，「おいしそうだ」「親が飲んでいるのを見て興味をもった」などの意見が出された。一方，たばこは否定的な意見が多く出され，その害についてすでに周知されていることが多かった。

　どちらも体にはよくないというイメージが共有されていったが，A君が「お酒は体にいいから飲む」と言ったり，B君が「かっこいいから一度はたばこを吸ってみたい」と言ったりしたことで，クラスにどよめきが起こり，本当にそうなのか，という疑問について議論する展開となった。

　また，「酒やたばこを始めるきっかけは何だろう？」「どうしてやめられないの？」「過剰になっていくとどうなるの？」「先生は？」などとさまざまな質問が飛び交い，互いにその理由を説明する姿が見られた。そのなかに教師も参加し，それぞれの依存性や過剰摂取の結果などを資料として提示していくなかで，「私はどれだけアルコールの耐性があるのかな」「たばこはまわりの人にも吸ってほしくない」などの意見が出され，その付き合い方について考え直していた。

[第7時] 薬と上手に付き合おう

　「いままで健康な人生を送るために学んできたけど，もし不健康な状態になってしまったらどうする？」という問いから，不健康なときにどう対処するかを考えるところから始めた。子どもたちは，「体を休める」「病院で薬をもらう」「消化しやすいものを食べる」など，さまざまな意見を出していた。また，すぐに薬をのむのかと聞くと，3分の2以上がのむという回答だった。その内訳として，病院に行かずに薬で済ませるという児童も数人いたので，どんな薬を服用するかという話になっていった。

　「病院では処方箋をもらうよ」「薬局で売っている薬でもよいのでは」など薬に対しての見解が曖昧だったため，保健室にある薬を調べ，医薬品と医薬部外品があること，医薬品については用法・用量がかなり細かく書かれていることを確かめた。また，医師が処方する薬は，医師が処方してくれるが，市販されているものは自分で判断しなければならないということに気がつき，「効力が違うんだ」「薬には強弱があるんだよ」

と話していた。そこで，医療従事者のみが使用できる身近な薬や麻酔薬を紹介すると，それを投与した（された）ときの感じを思い出しながら話し合いがなされた。

　最後に，薬といっても，病気にかかわる薬だけでなく，シンナーなどの化学薬品や麻酔薬にも用いられる麻薬なども紹介し，使い方によっては体に害のある薬品もあることや依存症になり体をむしばむものにもなりうるということも確認した。「薬と自分」というタイトルで振り返りをしたが，あらためて薬に対する認識を深めた子が多く，最初の発問を思い出し，薬を使わずに治す・予防を強化するといった意見が出された。

[第8時] 私たちの健康を支えてくれている人々（地域の保健活動）
　私たちがより健康でいられるように，どんな取り組みによって支えられているのか，どんなサービスを受けているのかを考えた。しかし，ほとんどの児童は，どのような医療・福祉サービスが行われているかイメージが湧いていないようだった。そこで，身近なものとして，母子健康手帳や移動教室で使用した健康保険証のコピーを参照して，医療費の助成があることや予防注射を受けてきたことなどを確かめた。

　その他，どのような保健活動があるのかをインターネットを使って調べることにした。区のホームページや医師会の活動，保健センターの取り組みなどを確かめるうちに，「税金でこんなところまでお金が使われているのか」「記憶にはないけど，いままでこんなに注射を打ってきたんだ」など，その活動を知ることを通して自己の経験を想起していた。自分の家のすぐ近くに，保健施設があることをあらためて知った児童は，利用してみたい，見てみたいと興味をもっていたようだった。

6．授業を振り返って

　保健領域における「知識」は，実生活に生かすものとされているにもかかわらず，いままでの実践では形式的な獲得にとどまり，どうすれば生きた知を構成するような授業づくりができるかと悩んだ。しかし，今回の実践では，子どもたちは友だちやモノとのかかわり合いのなかで，自分が「感じ」た経験や他者との比較を頼りに，自己に「気づき」，生きた知を構成していったように思う。「感じ」と「気づき」を大切にすることで「健康」という抽象的なキーワードがとらえやすくなり，意欲的に学習に参加する姿が見られた。単元前後の生活習慣チェックでは生活習慣も改善されていった。今後も授業の改善を図り，よりよい実践につなげていきたい。　　　　（神谷　潤）

「病気の予防」の実践例2　〔中学校〕

"病気にならない体をつくる！"（中3）

（健康な生活と疾病の予防）

1．探求したい内容

- 病気になる原因とその過程
- 病気そのものの変容と適切な対応
- 病気の正しい判断と対処法

2．指導上の工夫

　病気の起こり方（病原体，抵抗力，生活行動，環境）や，地域の保健活動について，知識を得ることにとどまらず，そこから自分はどうなのか，または現在の社会ではどうなのかを意識させて，主体的な学びにする。

①具体的な資料や身近な資料を使用する。多くの病気を網羅するのではなく，予防接種を視点として，流行する病気の移り変わりや自分の免疫の有無について理解させる。

②生徒同士がディスカッションする場を取り入れ，他の意見や考えを参考にしながら，自分の課題やこれからどう対応していくのかを考えられるようにする。

3．単元の流れ（4時間単元）

時	テーマと学習内容及び学習活動
1	「健康と疾病〜今の自分は健康なの？〜」 ・健康と疾病の定義を知り，自分の体の状態を探る。 ・疾病には，さまざまな原因があり，正しい知識と生活習慣，及び対処法で防ぐことができる。 ①「健康」とは何だろう？　今の自分は健康といえるのだろうか？ 　・チェックシートを使い，グループで検討する。 ②疾病の原因を考えてみよう。 　・これまでにかかったことのある疾病をあげ，生活習慣とのかかわりや対処法が正しかったかをグループで検討する。

2	「感染症〜免疫は完全なのかな？〜」 ・抵抗力と免疫のシステムを理解し，感染や発症を防ぐことができることを知る。 ①感染すれば必ず発症するのか？ 　　例：コッホのコレラ実験，東南アジア圏の赤痢菌保有率 ②免疫システムって何だろう？　自分はどんな免疫をもっているのだろう？ 　・母子手帳の予防接種履歴から自分がもっている免疫を知る。 　・40年前の母子手帳と比べて，疾病には流行と衰退があることを知る。
3	「人と疾病とのかかわり〜怖い病気にはフタをする？！〜」 ・疾病には流行と衰退があり，人類との闘いの歴史がある。 ・新しい疾病への適切な対処法を妨げる偏見や思い込みといった問題が存在している。 ①感染症はどうやって発見されたのだろう？ 　　例：ジェンナーの種痘 ②なぜ治療法が遅れたのだろう？ 　　例：ハンセン病，水俣病，エイズ ③新しい疾病の出現に対して私たちや社会はどのように対応するのか？ 　　例：エボラ出血熱，新型インフルエンザ
4	「疾病の対処法〜こんな時どうする？　それで大丈夫？〜」 ・自覚症状から適切な判断及び対処法をとる。 ・自覚症状がなくても，疾病になることがあり，それを知る方法がある。 ①こんな症状がでたら，どの疾病を推定できるだろう？ 　具体的な症状をあげ，グループでディスカッションしながら推定する。 ②どんな対処が適切かな？ 　医療機関や医薬品の利用，情報収集の仕方について検討する。

（上野佳代）

〈参考となる図書・資料〉
岡田春恵（2008）『病気の魔女と薬の魔女』　学研
中島秀喜（2012）『感染症のはなし――新興・再興感染症と闘う――』朝倉書店

「病気の予防」の実践例3　〔高等学校〕

"現代社会の健康問題とその対策"（高1）

（健康の保持増進と疾病の予防）

1．探求したい内容

- 日本における健康問題（3大死因）の変化
- 健康を維持するための日本における保健活動の移り変わり
- 疾病のおもな原因とその予防

2．指導上の工夫

　日本の生活レベルの変化から起きる死因の変化を考え，そこから病気の起こり方（病原体，抵抗力，生活行動，環境）や，日本の疾病予防のための保健衛生活動について知識を得る。そのことから現在の日本だけでなく，世界の現状はどうなっているのかを考えさせ，主体的な学びをすることで，自分が病気にならないための予防方法を学ぶ。

①日本の3大死因の変化と，日本の生活レベルや疾病の起こる背景の違いを理解し，病気の成り立ちとわが国の保健衛生活動の移り変わりを知る。

②疾病の起こる原因についての違いを理解し，そこから自分で健康を保持増進するための方法，予防方法を具体的に考えさせる。

3．単元の流れ（4時間単元）

時	テーマと学習内容及び学習活動
1	「わが国の経済状態の変化と3大死因の移り変わりについて」 ・疾病の起因と生活との結びつきを気づかせる。 ①第二次世界大戦の前と後，および現在におけるわが国の「経済状態」と「環境（生活レベル）」を比べ，死因の違いを知る。※最近「肺炎」が3大死因に入った。 ②過去の日本で多かった死因と現在同じ死因が多い国の経済状態や環境，生活レベルを調べ，共通点を見つけて発表させる。

2	①日本における健康問題（3大死因）の変化と経済状態の変化（国における環境整備の進度や企業における健康対策の変化，個人の生活様式の変化など）について考えさせ，気づいたことを発表させる。 ②現在の健康問題とその対策について，昔と比べどのように法律が変わり，どのような対策が立てられているかを知る。
3	「感染症について」 ・エイズなど，身近になっている感染症について具体的に対策を知る。 ・さまざまな感染症について感染経路や原因を知り，そこから感染症の予防方法を知る。 ①具体的な感染症を新興感染症，再興感染症，薬剤耐性菌に分類し，例を取りあげて感染源や感染経路（感染の仕方など）について知る。 ②具体例からどのように感染していくのかを条件を設定してシミュレーションし，感染の拡大の仕方を学ぶ。そして，その拡大の仕方から考えて，感染しないための予防方法を考える。 ※シミュレーション：クラス全員に白紙のカードを3枚用意する。任意に決めた数人の生徒のカード3枚のうち，1枚にだけ「○」を書く。その後，任意に2人組をつくり，ジャンケンをし，勝った人のカードを負けた人が見て「○」が書いてある枚数分，自分のカードに「○」を書いていく。 　これを繰り返し，白紙だったカードが最後にどれくらい「○」が増えたかで，感染の拡大の怖さを知る（条件は感染症の種類によって変える）。
4	「健康で元気に長生きをする」 ・さまざまな病気には対策，予防策があることを知り，そのための正しい情報を収集することや生活習慣が大事であることを理解する。 ①人間の免疫システムを知り，自然治癒力を高める方法を知る。 ②現代社会の生活から起こりうると考えられる病気を考え，病気にかからないための予防策を，無理なく日常生活の中で自分ができることをもとに考えさせる。 ※予防接種，基本的な健康診断，40代以上が行う健康診断，各企業や市区町村に課せられた保健活動などを調べさせる。そして具体的に行っている活動を発表させ，そこから各自が無理なく日常生活の中に取り入れられる活動を自分で考え提案し，実行させる。

（横山　彩）

> コメント 「病気の予防」の実践について

　小学校の神谷先生の実践（**実践例1**）を一言で表現するならば，「日常の生活の中に埋め込まれた知への気づきとしての学び」といえるのではないでしょうか。小学生にとって，「健康」な状態はイメージしにくいものです。しかし，それでも10年以上生きてきた中では，体の調子が悪いと感じるような状況には一度や二度は直面してきていることでしょう。この実践では，そんな自分の経験を見つめ，生活の中に存在する日常の当たり前を乱すようなストレスであったり，気温の変化であったり，いつもとは異なった生活との関係から，健康ではない状況の発生に興味を向かせています。第2時以降の展開でも，「個々人の生活の振り返り」と「仲間との考えの共有」を柱にしながら児童は学習内容へ気づいていっています。また，「気づき」を学びとしてとらえているので，教え込むというよりは，発問を中心にして授業が展開され，学習者の意見のぶつかり合いの中で学びが深まりを見せていっている様子が記述されています。

　つまり，この授業は，実生活を振り返り，自分の経験を「感じ」，経験を意味づけ，自分のこれからに「気づき」，興味・関心を深めていくような内容になっています。生活習慣病についての学びの中では，「生活習慣病のおそれがあるとしたら」という問いに対して「好きなことでもやめる」と回答したばかりでなく，「ストレスをためたくない。ふだんから気をつけているから上手につき合えば好きなことをやめなくても大丈夫」と児童が回答しています。これは，この授業が，一般的な知識を教えるのみにとどまっていたわけではなく，自分の生き方における知恵につながっていたことを象徴している一場面であるように思います。

　中学校の上野先生の実践（**実践例2**）の展開は，神谷実践に類似しており，「感じて気づく」ものであるように思います。ただし，取り扱っている内容については疾病が細分化されています。

　高校の横山先生の実践（**実践例3**）では，社会的状況との関係から健康を見つめ，一生涯ということを踏まえた上での予防法を学び，社会の成員として健康へのかかわり方を見つめ，学びを深めています。

　このように，小学校では総論的に大きな枠組みを学んでいくのに対して，中学校では各論としてより細かな事例に目を向けていくようになり，高校では公共的な場に生きる社会の一成員としての自覚と責任をも踏まえ，健康の問題を考えて

いくようになっていると思います。もう少し整理すれば，小学校では身近な経験の中で裏付けられてきたものが，中学校では，自分の生活には存在しないけど，ちょっと外の世界にはあるようなことに，他者の視点や資料を通しながら間接的に「感じ」，その世界にアプローチする手がかりに「気づき」を深め，高校では社会の中に無自覚的に生きている自分を公共的な社会の中で「感じ」，その自覚と責任への「気づき」の中で健康問題を考えていくといってもよいのではないかと思います。

　以上，ここで紹介した3つの実践は，ディスカッションを通して「感じる」というだけでなく，例えば，神谷実践の動物油脂を使用した「高脂血症」を模した実験や横山実践の感染の拡大の怖さを知るシミュレーションといったような体験によって「感じる」ということも授業の工夫として実践されています。このように，保健の授業づくりを考える上で，学習内容の「気づき」につながる「感じる」をどのように仕組みとして授業の中に導入するかは大変重要であるといえます。

（鈴木直樹）

ちょっと一息

暖かくなると風邪がはやる？

　下の地図とグラフを見てみましょう。右のグラフはスピッツベルゲン諸島（左の地図）での風邪の発病者数と気温を表しています。これを見て気がつくことはありませんか？　そうです。6月から8月までの気温の高い時期に風邪の発病者数が多くなっているのです。なぜだと思いますか。

　ヒント①　スピッツベルゲン諸島は北極に近い海に囲まれた島です。
　ヒント②　気温が0℃を上回ると風邪が急激に増えています。
　ヒント③　この島は北極に近い環境でもともと風邪のばい菌がいません。
　ヒント④　島のまわりの氷が解けて最初の連絡船が同島に着いた時から風邪が急激に増えています。

　どうです？　推理ができましたか？　そうです。もともとこの島には風邪の病原体がいないのですが，暖かくなって島のまわりの氷が解け，連絡船が来るようになると，島の外から人が入って来るようになり，それらの人々によって風邪の病原体が島に持ち込まれて風邪の発病者数が増えたのです。ちなみに南極観測隊の人たちも風邪をひくことがないのだそうです。

　いくら寒くても風邪の病原体のいないところでは風邪をひかないのです。

（小野かつき）

<出典>加地正郎『かぜへの挑戦』(講談社, p18より)

第 5 章

授業づくりのポイント

1　保健の授業における教師の仕事

　保健の授業における教師の仕事とは何でしょう。いろいろな考えがあると思いますが，ここでは「健康に関する知恵を児童と一緒に授業の中で発見すること」と考えて，授業をつくっていく（児童と健康に関する知恵を発見する過程を創造していく）一つの方法を考えてみたいと思います。

(1) 健康に関する知恵はどこにある？──一度目の発見

　学習指導要領に示される目標（知識）は，そのままでは知恵にはなりません。知恵は物事を正しく判断したり，適切に処理したりする能力ですから学習指導要領に書いてある目標を覚えるだけで身に付くものではありません。生活の中から自らの手で試行錯誤し学び取るしかないからです。

　例えば第5学年で学習する「(1)心の健康」のウには，「不安や悩みの対処には，大人や友達に相談する，仲間と遊ぶ，運動するなどの方法があること」について理解できるようにするという目標があります。この目標は不安や悩みに対処するための知恵となっているでしょうか。

　不安や悩みの対処に，大人や友だちに相談する，仲間と遊ぶ，運動するなどの方法があることは，勉強する前からわかっていることです。そのように考えると，これをそのまま知恵と考えることはできません。この目標を不安や悩みへの対処の知恵にするにはどうすればよいか頭を悩ませるところです。

　そもそも，大人や友だちに相談できないところに深刻な悩みがあるように思われます。そうであるならば問題を裏返し，「なぜ，私たちは自殺を考えるほど深刻な不安や悩みをもつ人から相談してもらえないことが多いのか」を授業の中で追究することを通してなんらかの知恵が生まれるかもしれません。また，「悩みがないことがよいことなのか」と問いかけることを通して，悩みを自分

の成長の糧とするというものの見方を育てることも一つの知恵になるかもしれません。

いずれにしても学習指導要領に示される目標を児童の知恵とするためにどうするか，学習指導要領を読みながら自分の中でアイデアを模索することがまず必要になります。

次に，それをどのような資料からどのような方法で児童に発見させるかを決め，教師自らその授業をシミュレーションして実際に自分で知恵を発見することが必要です。

じつは，教師が自分で発見したということがとても大切なことです。何かを人に伝えるには，その伝える人の思いが決定的に影響するのは当たり前のことです。教師が自分で授業のシミュレーションをしながら発見し，児童に伝えたいと願う知恵だからこそ児童に伝わるのです。

(2) 健康に関する知恵をどこから発見する？──何を授業の俎上に載せるか

よく見られる授業の風景は，教師が科学者の行った実験のデータなどを示し，教師の考えを子どもに教えるものです。

例えば，「～だから早く寝ることが大切ですね」と，子どもがそれを大切に思っているか確認することもなく，教師が「大切ですね」とまとめて授業が進んでいきます。この「大切です」は，「私（先生）はこれを大切だと思います。覚えておいてください」というメッセージで，それをもって子どもが大切だと考えるとはかぎりません。これでは子どもが発見した知恵とはほど遠いものです。

次に見られるものは，教師が科学者のデータから子どもの気がつくことを読み取らせるものです。これは子どもが健康に関する知見を発見する有効な方法になります。

しかし，科学的データからの読み取りは，ややもすれば子どもの生活から乖離したものになり，子どもの生活の実感が伴いづらいことが考えられます。子どもの実感から離れたところに知恵は生まれないと思います。科学的データの

読み取りから知恵を生み出すためには，もう一度その科学的データを子どもの実感におろしていくための手続きがさらに必要になると思います。

そこで，授業の俎上に載せていきたいのは，子ども自身の経験・子ども自身の経験にもとづく事実・子ども自身の経験から得た「感じ」「気づき」です。

この子どもの経験にもとづく実感の伴うデータから子どもたちの発見するものが子どもたちの知恵となるのです。

子ども自身の経験にもとづく内容を俎上に載せることは，以下の点においても大変重要であると考えます。

私たちは，子どもでも大人でも自己を認識するときには，自分自身を知ることだけでなく，他者との比較において自分を知っていくことがとても重要です。

例えば，自分が平均して夜11時に寝ているという事実を知っていることと，自分がクラスの中でただ一人11時頃に寝ているという事実を知るのでは，自分に対する気づきの深さに違いが生まれるのです。自分を知るということは，自分の属する社会の中で自分がどんな位置にいるのかを知るということでもあるからです。

ですから，保健の学習で子ども自身の経験・子ども自身の経験にもとづく事実・子ども自身の経験から得た「感じ」「気づき」を俎上に載せ，それをクラスのみんなで話し合うことは自己認識を深めることにつながるのです。

私たちは，環境の中で環境に働きかけ，また環境に働きかけられながら生活をしています。その働きかけ方，働きかけられ方は人によって異なっています。自分の経験を振り返り，友だちとの違いを振り返りながら，自分への気づきを深めてほしいものです。

(3) 子どもと共に考えるとは？
　　—— 一度わからなくなる。半歩先を歩く。二度目の発見

子どもが健康に関する知恵を発見するために重要な教師の働きかけは，教師が一度教師の立場から離れ，子どもと同じ目線になり一緒に悩むことです。一緒に悩む教師の姿を見て子どもは教師に頼ることをやめ，自分の頭で考えるこ

とを始めます。子どもたちは，自分で頭を使わなくても教師が「〜だから大切ですね」と答えを言ってくれると思えば，教師が答えを出すのを待っています。教師に頼ることをやめたとき，初めて子どもが自分たちで考え始めるのです。

しかし，ときとして子どもも先生も悩みっぱなしで何の知恵も浮かばないことも起こります。

そこで次に大切なことは，先生が子どもの思考の半歩先を行くようなヒントとなる発言をしていくことです。それも，その問題に共に悩む一員として発言していくのです。

ロシアの発達心理学者にヴィゴツキーという人がいます。この人は，発達の最近接領域という考え方を提唱した人です。この考えは，子どもの発達は，子どものレディネス（準備状態）が整うことを待たなくても，ほんの少しの手助けで発達できる幅がある。だから，順次小さな手助けを与え続けることで大きな発達を促すことができるというものです。

だから，クラスの中でいろいろな発達の段階の子どもが話し合い，考えの手助けになるような半歩進んだ意見を言い合う中で，子どもが発達を促し合いながら学んでいくことが起こるわけです。

そこで，子ども同士の学びが行き詰まったとき，教師が一緒に悩み，子どもと同じ目線でヒントとなる発言をしていくことが子どもの発達をリードしていくことになるのです。

ここで重要なことは，子どもが悩み考え，もう少しで知恵を見つけられそう，でも見つけられない，そのタイミングで「あっ先生，気がついたんだけど，こんなこと言えない？ みんなどう思う？」（二度目の発見）と発言していくことだと思います。

（4）発見した知恵を活用する——実際に生活を改善してみよう

子どもが発見した知恵を自分の生活の改善に活用することが次の段階です。すべての授業でできるわけではありませんが，授業の中で生活の改善に活用できるような知恵を発見し，それを活用して実際に生活を改善するような授業を

119

つくりたいものです。

　ここでは，第5学年「けがの防止」の授業を例にとってみましょう。

　けがをしたことのない子どもはいません。そこで，実際に自分がけがをした状況（どうして，けがをすることになったか）を書き出してもらいます。何人かに発表してもらうのもよいでしょう。その後，クラス全員が書き出したデータを見て，けがの原因が何か話し合いをします。保健室から日本スポーツ振興センターのデータをもらって話し合いをするのもよいでしょう。子どもがまず目をとめるのは，①自分の不注意や他の人に押されるなど人の行動が原因になっているものと，②廊下に水がこぼれていた，釘が出ていて釘を踏んだなど，環境に原因があるものであることが予想されます。

　しかし，その他のけがについては，人の行動と環境が絡み合って起こっていることに気づくでしょう。また，人の行動と環境が絡み合ってという視点から見ると，一見①や②に分類されると思ったものも，人の行動と環境が絡み合っていることに気がつくでしょう。つまり，どんなけがも人の行動と環境が絡み合って起こっているのです。どんなに安全だと思われる環境でも不注意でいるとけがが起こるし，反対にどんなに危険だと思われる環境でも，けがの危険性を予知して適切な行動をとれば，けがは起こらないということです。

　ここまで追究できれば，学校中のけがをゼロに近づける知恵が見えてきます。その場所で起こりうるけがをみんなに知らせて危険性をわからせていけば，けがを防げるはずだからです。この知恵を利用して「学校のけがをゼロにする活動をしてみよう」という実際に生活を改善する活動が考えられます。このように授業で発見した知恵を利用して生活を改善するような活動をしたいものです。

　以上，保健授業における教師の仕事について見てきましたが，保健の授業づくりには多様な方法が考えられます。本節では子どもの経験を知恵に高める授業について書きましたが，科学的法則性を子どもの実態におろしていく方法も考えられます。また，科学的法則性の発見される過程を追体験させることから知恵を学び取らせるような，第三の方法もあるでしょう。ここでは教材づくりについて詳述しませんが，多様な教材づくりも教師の大切な仕事の一つです。

最後に，保健授業における教師の仕事からは少し離れますが，決定的に大切なことは，子どもたちは知らず知らずに教師の姿勢から学んでいるということです。教師が授業を自らの頭で考えることなく出来合いの答えを求める教師であれば，やはり子どもは授業の中で教師が出してくれる出来合いの答えを求める子どもに育つのではないでしょうか。授業を行う私がどのような人間であるかということが保健授業の教師の仕事の内容を規定しているのではないかと思います。

(小野かつき)

ちょっと一息

過呼吸症候群には，ペーパーバッグ法？

急に呼吸が荒くなって「息が苦しい」と言ってきた場合，過呼吸症候群を疑って，「紙袋を口に当てて呼吸をさせる（再呼吸法，ペーパーバッグ法）」を行っているのを見たことがありますか。いままでは一般的に行われていた方法ですが，最近では，問題があるとされています。

【紙袋による再呼吸法（ペーパーバッグ法）が問題とされている理由】
①リスクを伴う方法である。
・著明な低酸素や死亡の報告が続いている。
・具体的には，器質的疾患（急性心筋梗塞，気胸，肺栓塞，肺水腫等），過換気になっている患者などでは，命を失う可能性がある。
②他によい方法がある→下記の【対応】を見てください。
　一般的に，命にかかわる疾患が除外されれば，きちんと説明し，安心させるなど（さらに以下に述べる対応）の単純な処置で発作は治まるため，あえて危険な行為をするべきでない。

【対応】
①隔離する……見ている他の人もなる場合があるので，静かな人の少ない所へ移動する。
②上部胸郭を圧迫し，十分に息を吐かせる。
　過換気症候群の人は，上部胸郭を使って胸式呼吸する傾向があり，肺が過膨張

になっている。よって，肺の残気量が増加し，十分に息を吸うことができないので呼吸困難を感じるそうである。対応としては，"上部胸郭を圧迫し，十分に息を吐かせる"ことで肺の過膨張を減らすことができる。

③腹式呼吸でゆっくりと深呼吸する。

　また，腹式呼吸（胸壁ではなく横隔膜をより使う呼吸）でゆっくりと深呼吸をするように指示する。横隔膜による呼吸は，呼吸数を下げ，発作が起こったときに自分で対処することができる。

④安心するように話しかけるのと同時に，可能であるなら，話をしてもらう。

　本人は，呼吸困難感があるので，非常に不安になる。安心するように話しかけると同時に，過呼吸になった人にもできるだけ，起こったときの状況などを説明してもらうなど話をしてもらうようにする。話すときには当然，呼気が増え，吸気が減るので，次第に呼吸も整ってくる場合がある。

【好発年齢】10～20代の若者，女性に多いが，男性や高齢者にもみられる。

【症状】発作が生じると，息が荒くなり（自分では気がつかないこともある），両手の指先や口のまわりがしびれたような感覚になる。他に，息苦しさ，胸部の痛みや圧迫感，動悸，めまい，死の恐怖などを感じる。発作は10分以上続くが，1時間以内に時間とともに必ず軽快していく。器質的な疾患（急性心筋梗塞，気胸，肺栓塞等）がない場合は，死亡したり，後遺症を残したりすることは決してない。一生に一度しか生じない人もあれば，時期によって毎日頻発する人もある。

（岡田加奈子）

〈参考文献〉
岡田加奈子（2013）『養護教諭の常識？　非常識？』少年写真新聞社

2　なめらかな接続を目指す「保健」の授業づくり

(1) 保健の授業で求められていること

　平成20年の中央教育審議会の答申では，体育科，保健体育科の改善の基本方針として，保健については次のように示されました。

> 「生涯を通じて自らの健康を適切に管理し改善していく資質や能力を育成するため，一層の内容の改善を図る。その際，小・中・高等学校を通じて系統性のある指導ができるように，子どもたちの発達の段階を踏まえて保健の内容の体系化を図る」

　求められている「小・中・高等学校を通じて系統性のある指導ができるように」するためには，この系統性をどのように解釈していけばよいのでしょうか。
　系統性とは，同じ内容のものが，次の学校での学びへスムーズにつなげることができるという解釈ができます。つまり，小学校で学んだことが中学校で活用できたり，高校で応用できたりといったようなことであり，日頃，私たち教師が願っていることでもあります。しかし，実際にはどうでしょうか。使用される項目や語句を詳しく説明したり，専門用語に変換したりといった，根本的な内容としては同じ授業が繰り返されるということがあるのではないでしょうか。また，「中学校へ行っても困らないように必要なことを教える」といった予習のような授業展開とも異なると考えるべきでしょう。
　また，「子どもたちの発達の段階を踏まえて保健の内容の体系化を図る」とはどのように解釈するべきでしょうか。体系化とは，個々のものを統一することです。したがって小学校，中学校，高等学校でのそれぞれの発達段階を見定めた実態を教師が十分に考慮し，教える内容を組織的に構成していくことと考えられるのではないでしょうか。

では，小学校，中学校，高等学校と繰り返される内容を，それぞれの発達段階において適切な授業をどのようにとらえるべきなのか，考えてみましょう。

（2）繰り返される内容とその位置付け

　繰り返される内容の例として，「健康な生活」を取り上げてみます。各学校の学習指導要領で取り上げられている箇所を抜粋して並べてみました（表1）。第4章の「健康な生活」の実践例2（小学校中学年，p.53～58）も参考にしてみてください。

表1　小学校，中学校，高等学校での「健康な生活」

小学校中学年	毎日の生活と健康	健康の状態
		毎日を健康に過ごす
中学校2年	健康と環境	身体の環境に対する適応能力・至適範囲
		飲料水や空気の衛生的管理
		生活に伴う廃棄物の衛生的管理
	健康な生活と疾病の予防	健康の成り立ちと疾病の発生要因
		生活行動・生活習慣と健康
		喫煙，飲酒，薬物乱用と健康
		感染症の予防
		保健・医療機関や医薬品の有効利用
		個人の健康を守る社会の取組
高等学校	現代社会と健康	健康の保持増進と疾病の予防
		精神の健康
		交通安全
		応急処置
	社会生活と健康	環境と健康
		環境と食品の保健
		労働と健康

　健康は生活習慣と深くかかわっているということが，どの段階の学校でも共通して取り上げられている内容です。しかし，自分の生活行動をやっと客観的に観察できるようになってきた小学生と，すでに15年以上生きてきて自分の生

活スタイルが定着してきている高校生とでは，生活習慣に対する考えや感じ方はかなり異なることが予想されます。

　小学校では，生活習慣を「食事」「運動」「休養・睡眠」の視点で確認し，中学校ではそれに「環境」という身の回りの視点を加え，そして高等学校では「社会」という人間環境とのかかわりの視点を加えているとみることができます。ここから，小学校での自分自身の生活習慣を客観的に確認する学びが，中学校での自分自身の生活習慣と環境とのつながりを考える学びにつながるといえるのではないでしょうか。小学校では「食事」「運動」「休養・睡眠」は自分である程度コントロールできるということを，チェック表を使用したり，仲間と意見交流したりといった活動から気づかせ，実際の生活でやってみようという意欲をもたせることが大切であると思われます。

　中学校では，小学校時代と比べて行動範囲が広がるとともに忙しくなり，生活が不規則になりがちです。小学校で学び目指していた「望ましい生活習慣を送ること」が難しくなってくる，さらには自分ではコントロールできない身の回りの環境に対して，どのように適応していくのかということに気づく必要が出てくるでしょう。

　高等学校では，中学校での生活に比べてさらに行動範囲や時間，内容に対して選択が広がり，おのおの異なる生活習慣が身に付いてきます。これまでの学びで望ましくない習慣であるとわかっていても，そこに嗜好やこだわりが加わり，自分独自の世界をつくり上げていく年代でもあります。そのような高校生に健康について考えさせるには，何がよいのかではなく，健康に生活していくこと自体の価値に気づかせることが必要になってくるのかもしれません。

　こうしてみると，繰り返される内容であっても，授業で知識として与えたいことや感じさせたいことは異なることが想像できます。そしてさらには，授業の内容が系列的につながっていく先は，高等学校で終わりとなるのではなく，その後に続く生涯へとわたっていくことを期待したいところです。

　しかし生涯にわたってつながっていくような授業内容を実施するのは，かなり難しい課題ともいえます。私自身，中学生や高校生であったときの保健の授

業の思い出といえば，教科書の内容を必死になって覚えたことが主であり，しかもその内容は今ではすっかりぼやけてしまっているというありさまです。では，「生涯にわたって活用できる授業内容を実施するために必要なことは何か」について考えてみることにしましょう。

（3）生涯にわたって活用できる授業に必要なこと

　私が教員になりたての頃，新聞に主婦が自分の子どもを人工呼吸で助けたという記事が掲載されました。まだ，洗濯機が二槽式であり，ふたを外しても洗濯物がぐるぐる回っている時代の話です。幼児であるその子どもは，洗濯機内の洗濯物がぐるぐる回るのを台に上って眺めていました。夢中になって眺めているうちにだんだんと頭が下がり，ついには洗濯機内に頭を突っ込んだ状態になってしまいました。しばらくして母親が気づき，慌てて子どもを引き起こしましたが，すでに仮死状態です。その時とっさに思いついたのが，中学校時代の保健授業で習った人工呼吸であり，その母親の適切な処置により，子どもは助かったという話です。

　この話を読んだときに，このように「中学校時代に習ったことを活用できるようにする授業をやりたい」と思い，まさに保健の授業の使命はこれだと思いました。しかし実際に子どもたちは，どのようなことを覚えているのでしょうか。

　そこで，中学3年生の生徒に，①小学校の保健の授業で印象に残っていること，②中学2年の時の保健の授業で印象に残っていることについて，聞いてみました。

　①　小学校の保健の授業で印象に残っていること

　「けがの処置」「たばこの害」「思春期の変化」「かぜの予防」「歯磨き」といったことがあげられました。小学校で学ぶべき内容がおおかた網羅されているといってよいでしょう。しかし，約4分の1の生徒が「何も覚えていない」と答えていました。

　②　中学2年の時の保健の授業で印象に残っていること

　最後の授業でまとめとして鑑賞した「DVDで見た映画（ロレンツオのオイ

ル)」が半数以上いました。映像のインパクトは強いようです。そして，次に「AEDの使い方」「たばこや薬物」といった内容があげられていました。

　小学校で学んだことを覚えていないと答えた生徒が少なくないことは，ある程度想定はしていましたが，やはり残念なことです。それは，つい２,３か月前の２年生の授業で最も印象に残っていることが，10時間以上かけているにもかかわらず，DVDであるということにも共通します。その原因は，どのような授業を受けてきたのかがわからないので明確には推測できませんが，一つには，子どもが本当に知りたいと考えていたことと距離があったということがあげられるでしょう。

　そこで，これから学びたいこともアンケートを実施して調べてみました。

③　これから保健の授業で学びたいこと

　「アレルギーの正体」「花粉症の理由」「細菌からの守り方」「たばこと麻薬の違い」「脱法ハーブ」「人はなぜ生まれてきたか」「AEDを実際に触ってみたい」といった，かなり具体的なリクエストが集まりました。なんとなく言葉は聞いたことがあるけれども詳しく知りたい，または経験してみたい，という欲求があるようです。また，小学校で学んだ「たばこの害」から，「たばこと麻薬はどう違うのか」といったつながりのある疑問を感じている生徒もいるようです。

　さて，このような学びの履歴やリクエストをもつ生徒たちに，どのような授業を実践するべきなのでしょうか。アレルギーや花粉症に関しては，疾病の予防の内容に盛り込むことができます。AEDに関しては，実際に消防署の方に来ていだだく講習会を設定してもよいかもしれません。リクエストに応えた授業は，子どもたちの意欲を引き起こすのに不可欠なことでもあるでしょう。

　こうやって，事前にアンケートをとって子どもの実態を把握することはよく行われることですし，有効なことでもあると思います。しかし，そこには，もう一歩踏み込んだ分析が必要ではないでしょうか。

　それは「なぜ，これを知りたいのか」といった，子どもの興味を支える背景です。これは，小学生ではうまく言葉にすることができないかもしれません。中学生，高校生ともなると，本音を語らないようになるのは，当然となってき

ます。したがって，子どもの興味の背景を見つけることは非常に難しいことといえるでしょう。しかし，授業を組み立てていくうえで，不可欠なことでもあるのです。

（4）子どもの知りたいことをとらえる

今，目の前にいる子どもたちが，知りたいこと，必要に迫られていることを教えるのは当然のことです。そして，子ども自身が今知りたいことや必要なことに気づき，それを主体的に理解していくことができれば，子どもが成長していっても自然とどこかに残り，生涯にわたって活用されていく可能性は大きいと思われます。そのように考えると，小学校，中学校，高等学校とのつながりを意識するということは，じつはその時その時の子どもの欲求や実態に応えることであるというような気がします。

私たちは常に，子どもたちの興味や関心についてアンテナを張り巡らせ，敏感になる必要があるでしょう。子どもの知りたいという欲求に応えたいがために，知識の教え込みになる危険性にも気をつけるべきでしょう。先ほどのAEDの講習会を実施することも，手順を覚えることだけに終始していたのでは適切な状況判断がつかないのかもしれません。

また，もどかしい思いをしても，子どもたちの自由な意見交流や試行錯誤する工夫といった過程を大切にしていきたいものです。

目の前にいる子どもが欲していることを適切にとらえて授業を実施していくことは，じつは小学校，中学校，高等学校でのゆるやかな接続の実現につながっていくことなのではないでしょうか。

（上野佳代）

ちょっと一息

"ペットボトル"は開けた後，どれぐらいの時間までなら飲むことができるの？

　ペットボトルって，いったん開けた後どれぐらいの時間まで飲むことができると思いますか？「冷蔵庫に入れておけば，数日は大丈夫」「その日のうちぐらいなら，常温でも大丈夫」「半日ぐらい」「2時間ぐらい」かな？……といったいろいろな意見が聞かれます。水筒は，朝持って出かけても，さすがに家に帰ってきたら，中身は捨てますよね。けれども，ペットボトルは，朝買っておいたものを，夕方飲んだり，冷蔵庫に入れておけば，数日はもつかな？　などと思って，飲み残しを冷蔵庫に入れておいたりすることも，けっこうありそうです。本当は，どれぐらいの時間・日数までは飲めるのでしょうか。

【緑茶】緑茶では，常温保存で急速に細菌数を増やし，早いもので2時間後には水質基準における一般細菌100個／mL以下を超えてしまう結果が見られることから，2時間以内に飲みきることが望ましいそうです。緑茶に含まれるカテキンは殺菌効果があるので，もう少し長もちすると思っていたのに，という方はおられませんか。開栓後はできるかぎり早めに飲みきること，飲みきるまでに時間を要する場合には，冷所保存すること，また，口をつけなければ汚染されにくいので，コップを使うことなどが大切と考えられます。

【ミネラルウォーター】ミネラルウォーターは水道水に含まれる塩素剤が含まれていないために，お茶同様に，開栓後2時間以内に飲みきることが望ましいそうです。ある調査結果（後藤，2002）では，ミネラルウォーターの開栓20時間後，緑茶の開栓10時間後，20時間後では大腸菌群数の著しい増加が観察されました。つまり，この時間ではかなり汚染が進んでいるといえましょう。ペットボトルの注意書きを見てください。いろいろありますが，「開栓したら，すぐ飲みましょう」というのもありますよ。

（岡田加奈子）

〈参考文献〉
岡田加奈子（2013）『養護教諭の常識？　非常識？』少年写真新聞社
吉井美穂他（2009）「小型ペットボトル飲料使用における安全性の検討」『日本看護研究学会雑誌』32（1），pp.125-129
後藤政幸他（2002）「小型ペットボトル飲料を唾液および手指で汚染させた時の細菌数の変化」『和洋女子大学紀要　家政系編』42, pp.29-37

3 養護教諭のまなざしを活かす授業づくり

(1) 養護教諭が保健の授業に取り組むとき

　法律の改正[1]によって，養護教諭が保健の授業に取り組むことも多くなってきました。そのとき，担任や保健体育教師とは異なる"養護教諭の独自のまなざし"が，保健の授業づくりに活かされていくことが大切なポイントです。ではこの"養護教諭のまなざし"とは，どのようなものでしょうか。

　これまで養護教諭は保健指導という場でさまざまな優れた実践をつくり出してきました。そこで積み上げられてきたものは，子どもを生活主体者ととらえ，その生活実態から教育内容を問い直し，健康な心と体，そしてそれを実現する上で不可欠な自然・社会的な環境のあり方をとらえていくという視点です。「生活者としての子ども」とは，成長への喜び，体の不思議，心や体の不調，痛みやつらさ，不安などに対してさまざまな「感じ」「気づき」をもって生活する"今を生きている子どもたち"です。この子どもの「感じ」「気づき」を，保健や医学の科学的知見から解釈し，さらにそれらを"生活"という場の中でとらえ直し，教育内容として科学的知見を再構成するという方法です。この方法の前提には，人間には健やかでありたいという根源的な欲求があり，それを実現することが保健という教科や指導であり，それを暗黙のうちにとらえているといえるでしょう。だから，保健の授業には，単に子どもに知識を伝達し獲得させるということにとどまらず，獲得した知識が生活者である子どもの生活や環境，そして自らを変革しようとする意欲や動機を湧き立たせる「生きて働く知」となる過程を組み込むことを求められているのです。いうならば，保健の学習は「感じ」「気づく」という身体感覚に根ざし，そこから知をとらえ，さらにその知をそれぞれの生活実態という文脈の中で解釈し再構成することによって，それらを子どもの中に内実化していくことが求められているといえます。

また保健の授業に対して，知識伝達に重点をおき，それが生活に活かされていないとする批判があります。それは，授業で提供する知識が，生活から切り離された，一般化された知や知識にとどまっているともいえます。言い換えれば，知/知識が子ども自身に自己のものとして内実化するに至っていないということで，知/知識と生活者としての子どもの関係のあり方を問い直すことが求められていると解釈できます。

　ことさらこの点が強調されるのは，先にも述べた保健という教科の固有の特性にあります。健やかでありたいという欲求が実現できない状況では苦痛が生じ，生命までも脅かされかねないからです。このようにとらえれば，保健の授業は苦痛を回避/和らげ，命を守るために不可欠なもので，すべての子どもにそれを実現しうる"力"を保障することが求められているといえます。

　一方で，健やかでありたいという欲求を実現するためには，知識の獲得だけでは不十分と考え，「行動化」に重点をおく指導実践も見られます。それは"行動化＝できること"を達成目標におき，できることを強化するようなやり方です。しかしそのとき，知識と行動が分離されてしまう危険を含んでいます。人間の行動が他からの強い規制によるならば，知/知識が形骸化し，これもまた，知/知識の内実化という学びの重要な点が損なわれる可能性があるからです。

　このように保健という教科の特性が，人間と知/知識とのあり方を問い直すことを要求するととらえると，養護教諭のこれまで積み上げてきた"生活者としての子ども"という視点は，きわめて重要なものと考えます。

（2）生活者としての学びを実現するとは

　養護教諭の提起した"生活者としての子ども"という観点は，健康の実現にかかわる医学保健の知/知識に，子どもの身体状況や身体感覚から接近するということを示唆していると考えます。しかしこれまでの保健の教科教育は，子どもの苦痛の回避や解消，さらに生きていることの喜びを実現するために，一般的な知/知識は正しいものとみなし，ゆえにそれらを活かしていくことを当然とし，この一般的な知/知識にもとづいて，個性的な自分を成型し直すこと

が健康の実現の上で不可欠である,というメッセージを発信してきました。言い換えれば,一般的な知/知識に自分を合わせて成型し直すことを暗に強要してきたといえます。しかし知/知識は一般的で普遍的なもので,一方,一人一人の生活者としての子どもは個性的で個別的な存在です。そのため,一般的な知/知識を抵抗なく受け入れ,その枠に自分を成型し直すことは難しく,その結果,目に見える変容が現れにくくなります。だから学習成果を目に見えるかたちにするために,できる＝行動化のためのプログラムが,教師には魅力的に受け止められるのだと思います。

であるとすれば,一般的な知/知識と生活者としての子どもをつなぐ役割を担う教師の役割を再考する必要があると思います。一般的な知/知識を,個別的な存在である子どもに織り込みとらえ直し,そうしてはじめて,一般的な知/知識はその子どものものとして内実化され,そのとき学びが生成されるととらえれば,そのとき一般的な知/知識と個別的な子どもとの接点となるのは,「感じ」「気づく」という生活者としての身体感覚であり,それが一般的な知/知識と向き合う手がかりであると考えます。だからその子どものその身体感覚をくみ取っていく役割が,教師に課せられているのではないでしょうか。

生活者としての身体感覚から発せられる疑問が解きほぐされていくとき,それにかかわる知/知識は子どもにとって輝きをもったものとなり,価値をもったものとして子どもの前に登場するでしょう。しかしなおその一般的な知/知識は,生活者としての個別的な子どもとの間にまだ距離があります。この距離を縮めるために,一般的な知/知識を,"わかる"ことと"できる"ことの間をつなぐものとして,子どもの中に位置付けていく過程が不可欠です。この過程で重要なことは,個別的な子どもが一般的な知/知識と向き合うことで生じる葛藤や対立です。「そこまでやらなくてはいけない？」などの素朴な疑問や一般的な知/知識（科学的事実）が提示する生活の仕方をすることで,手放さなければならないものとの間で生じる葛藤です。

健やかに生きる自分を実現したいという思いを誰しももっているとしても,その程度や実現の仕方は人によって異なり,健康の可能性をどのように受け止

めるかという判断は，最終的にその個人の価値観に委ねられるものです。我々教師や養護教諭はよきにつけ悪しきにつけ，パターナリスティックな思いが強いだけに，この前提を忘れがちです。この思いの背景には「健康＝よいこと」という考えがあり，すべての人にとって「よいこと」ととらえているからでしょう。

　知/知識をどのように受け止めるかは多様で，最終的に個人に委ねられるものという前提に立てば，生活者としての個々の子どもが対立や葛藤と向き合い，それを超えていく過程に，もっと目を向けた授業づくりが求められるでしょう。保健の授業は，一般的な知/知識の枠に性急に成型することでなく，子どもが一般的な知/知識とであい，そこで生じる葛藤や対立に向き合い，主体的な意思によって選択する自分の生活をつくり出す主体者としての子どもを育てることであると考えます。だからこそ，「感じ」「気づき」という生活者としての身体感覚が重要となるのです。

(3) 子どもの「感じ」と「気づき」を活かす授業

　ここでは「感じ」「気づき」という身体感覚から知/知識と向き合い，それを自分のものとしていく実践を紹介し，保健の授業における「感じ」「気づき」という身体感覚を具体的に考えてみましょう。

　保健室では子どもたちは頻繁に身長を測り，わずかな成長さえも喜ぶ様子をよく目にします。子どもの身長は日々変化していきます。だから身長の伸びは成長している自分を実感できる証しであり，それは喜びとなるのです。成長することを純粋に"喜び"と感じるこの身体感覚は，成長をとらえる大切なものです。しかも，その事実を仲間やまわりの大人と共有することによって，子どもはその喜びをいっそう確かで豊かなものにしていこうとします。

　筆者は，子どもたちのこの身体感覚を「心身の発達」の教材化の切り口としました[2]。人間の成長は一般的に二度の急進期を経て成長するもので，小・中学校の時期はこの急進期の渦中にあります。成長する自分を実感し，その喜びを感じる一方で，他者と自分を比較する力が育つにつれて不安や悩みも抱えま

す。そこで成長の一般的な知/知識をとらえ直し，個性的な存在として自分や仲間とであう学びの場として，授業を設定しました。

　授業では，子どもそれぞれの身長の経年変化や一年ごとの伸びをグラフ化する作業を組み込みます。そこでは「今の自分だけ」でなく，「これまでの自分」の成長が浮かび上がります。また，これまでのデータを成長曲線にプロットすることで，将来の成長の可能性を知り，ほっとする子どももいます。なかには「もっともっと伸びたい」という思いを湧かせる子どももいます。

　成長や発達は遺伝的要因があるものの，生活・環境要因もかかわっていることを学ぶことで，自分の生活のあり方を振り返ることになります。身長の伸びには食事や睡眠そして運動，さらに心理的なものが関連しているという一般的な知/知識は，生活の仕方が遺伝的要因の可能性と限界性に関係していることを示しています。これは生活を変容させようという思いを湧かせる契機となります。実際の授業で，主体的に自分の生活をつくりかえていこうとする子どもの姿をとらえることができました。ただし，このとき一般的な知/知識から得たものを，完璧に実現するという満点主義ではなく，それぞれの個性や状況に合わせ，それを織り込んだ知/知識からの子どもの判断や選択を認めることが，教師側には求められると思います。

　この授業でさらに大切なことは，成長発達というものはきわめて個性的なもので，そうであるからこそ，一人一人の個人がかけがえのない存在で，価値があるという点です。この授業では，他者の中で自分の身長の事実と向き合うことが求められるため，身長が低い子どもには苦痛やつらさを感じさせることでしょう。だからこそ，その「感じ」「気づき」をもとに，背の低い人もいれば高い人も，それぞれのペースで成長していることに気づかせていく働きかけが重要であると考えました。そこで身長の伸びのデータは個性の豊かさを映し出すものと解釈すれば，その事実をクラスの仲間と共有する場を組み込むことで，子どもたちは個性的な自分とであい，個性的な存在としての仲間に気づくことになります。今は背が低い子が，これからの成長の可能性が高いという一般的な知/知識とであったとき，子どもたちが和んでいきました。

人間の成長や発達は身長だけではなく，他の身体器官や心の発達などすべて一体となって成長発達し，個性的な大人へと成熟していきます。それを具体的に示す存在は，身近なまわりの教師や大人たちです。それぞれの大人が自分の身体や成長発達をどのように受け止めてきたかを，インタビューする活動を組み入れてもいいでしょう。一歩先を行く大人が経てきた過程は，子どもたちの不安やつらさを和らげ，それぞれの違いを受けて入れていく素地を形成することにつながると考えます。

子どもの抱える不安やつらさ，言い換えれば「感じ」「気づき」から教育内容を掘り起こし，それをさらに「感じ」「気づき」という身体感覚を手がかりに，一般的な知/知識を再構成していく授業のあり方が，子どもの知/知識の獲得につながり，ひいては子どもが主体的な生活者として生活をつくり出すと筆者は考えます。

（4）養護教諭のまなざしがつくり出す保健の授業の豊かさ

生活者としての子どもという養護教諭のまなざしは，教科教育としての保健の教育内容の解釈に豊かさをもたらすと考えます。それは養護教諭が保健室で個別に子どもと対応をする中で培ってきたものが，一般的な知/知識を学習者の状況や文脈にそって，個性的な知/知識へと組み換え転換する力となるからです。また担任や教科担任と異なる授業内容の解釈を提起することは，他の教師にとっても知/知識の解釈の幅や奥行きを広げ，教材の深まりや多様性をつくり出します。このようにとらえれば，授業そのものをするか否かにかかわらず，養護教諭の授業への参加は，教育内容を個性的な知/知識へと組み換える視座をもたらすと期待されます。

健やかでありたいという欲求の実現，成長発達する喜びを仲間や他者と共有したいという欲求，これらはいずれも人間誰しもがもつ根源的なもので，生活者としての子どもが「感じ」「気づく」身体感覚は，その欲求から発せられるものであり，それを実現することが保健という教科の重要な目的であるとすれば，個性的な知/知識の獲得を保障することが，保健の授業づくりのポイント

といえるでしょう。そして，そこに養護教諭が培ってきたまなざしが求められていると考えます。

(山梨八重子)

〈注・参考文献〉
1) 平成10年の教育職員免許法の改正により「養護教諭の免許状を有し3年以上の勤務経験がある者で，現に養護教諭として勤務しているものは，当分の間，その勤務する学校において保健の教科の領域に係る事項の教授を担任する教諭又は講師となることができることとする」（要約）こと。(教育職員免許法附則第15項)
2) 山梨八重子(1992)「大予測!! どこまで伸びるか，あなたの身長」住田実編『わくわく保健指導一年間』東山書房，pp.49-57

4 学びの実感を促す工夫——児童生徒・学生，他職種，他領域の教職員のチーム力を生かした保健学習

(1) はじめに

　「保健」は，健康で安全な生活を送る上での基礎を培う，健康教育の中心的な役割をもちます。しかし，保健学習で学んだとしても，子どもたちが個々にもつ健康課題に違いがあるため，学びの実感をもたせることは難しいものです。また，子どもたちを取り巻く社会環境は健全な健康生活を送りにくい状況にあり，個々に抱える健康課題も重篤化しています。そのため学習により一時的に日常の健康行動や生活の改善がみられても維持されることは困難です。わが国は，これまでもさまざまな優れた健康教育が実践されてきてはいますが，学校によって差があり，研究指定を受けたり，よほど熱心な指導者がいる学校でないかぎり，健康教育を全校体制で推進している学校は少ないといえるでしょう。さらに，学校は現在，いじめや不登校などさまざまな教育課題の解決が求められ，実際には健康教育にかかわる指導者が児童生徒の個別の課題に対して経過を追って丁寧に支援していくことは困難な状況にあります。しかし，健康教育は「生きる力」をはぐくむ教育であり，すべての教育問題の解決につながる基盤となるため，全教育活動の中で取り組む必要があります。それにはまず，教職員の意識を変える必要があります。意識を変える方法として，これまでの筆者の経験から，"なんとなく"保健学習に携わるうちに，校内の教職員の健康教育に対する意識改革につながることがあり，結果として組織的な健康教育の取り組みに発展することがあります。学校には，さまざまな専門性や職域の特徴をもつスタッフがいます。いかにそれぞれの専門性や特徴をもったスタッフを巻き込んで活用し，健康教育のチームをつくっていくかが重要です。本節では，保健学習，健康教育に携わる指導者が他の教職員を巻き込み，チーム力によって児童生徒・学生の個々の課題に対応し，学びの実感をもたせることができた二つの実践例を紹介します。

（2）実践事例紹介

① 個別の保健指導と集団の保健学習を連動させた取り組み
—— 養護教諭との連携・協働（小学校，中学校，高等学校の事例）

　前述したように，個々の健康課題が重篤化しているなか，その児童生徒の実態に対応した保健学習を実施しなければ効果はあがりにくいものです。健康実態を学校内で最も的確にとらえているのが養護教諭です。養護教諭との協働作業で保健学習をつくりあげていくことによって，学びがより個々の実態に即した内容となり，実感のもてる深い学びへとつながる可能性があります。保健学習内容を自校の実態に合わせ，年間の保健学習の内容を養護教諭が行う個別の保健指導にどのように連動させていくことができるかが重要です。本項では養護教諭が，自校の保健室への来室者の状況・状態を分類し，保健体育科の指導者と共に教育内容や資料を協議することで効果的な学びにつながった事例を紹介します。

　保健体育科の教師との話し合いの資料として，以下に示す表1を作成しました。ふだんから養護教諭はこのような表を作成しておき，保健室に来室する子どもたちの様子を分類しておくとよいでしょう。どのような実態を保健学習へとつなげることができるのか，また保健学習で学んだことを，どのような来室理由をもつ子どもに生かすことができるかが見えてくるはずです。

表1　学習指導要領の保健学習内容と保健室来室者が抱えていた健康問題一覧

学校種	体育科（保健領域）・保健体育科(保健分野)・科目「保健」の内容	必須学年	個別の保健指導内容（例）
小学校	毎日の生活と健康	3年	・排便習慣・睡眠状態・食習慣，一日の生活
	育ちゆく体とわたし	4年	・思春期の心や体の問題・身体測定結果 ・月経痛・劣等感（個人差，いじめ）
	心の健康	5年	・友人関係の問題・ストレス（不安や悩み）
	けがの防止	5年	・けがや病気の状況・手当て・交通事故
	病気の予防	6年	・かぜ・インフルエンザ・ノロウイルス ・O157・食中毒・肺炎・喫煙

第5章 授業づくりのポイント

中学校	心身の機能の発達と心の健康	1年	・友人関係・将来の悩み・妊娠・中絶 ・ストレス・マスターベーション・欲求
	健康と環境	2年	・教室の換気が不十分・熱中症
	傷害の防止	2年	・自分でできる部活での応急手当
	健康な生活と疾病の予防	3年	・携帯電話の深夜の使用による睡眠不足 ・性感染症・喫煙・交通事故（特に自転車） ・摂食障害・薬の乱用
高等学校	現代社会と健康	1年〜3年	・健康生活の悩み・来室状況から見える 　生活実態・喫煙・飲酒 ・意思決定や自己実現 ・ストレスへの対処・心身症 ・交通事故 ・部活動におけるけがの手当て
	生涯を通じる健康		・将来設計にかかわる悩みなど ・けがをしたときの保健医療制度への関心 ・進路にかかわる関心
	社会生活と健康		・進路にかかわる関心・アルバイトにかかわる悩み・働くことと健康（特に定時制の生徒）

保健室来室者が抱えていた問題を保健学習の内容と対応させ，一覧表を作成し分析してみる。教材の作成にもつながり，学校の実態に応じたオーダーメイドの学習内容を構成することができる。

② 健康課題解決のための創造力を活性化させた取り組み
　　――大学生の健康教育の事例

　健康教育は，生涯にわたる健康生活の確立を目標とし，それに必要な科学的認識を深め，健康的な生活行動が実践できる態度や能力を身に付けるための教育活動です。しかし，子どもたちが自ら考え自発的に健康行動を起こしていくためには，たとえ知識を得たとしても，本人にとって緊急に取り組まなくてはならない健康課題でなければ適切な行動を実践化していくことは難しいでしょう。しかし，特に思春期はピアプレッシャーが健康生活に影響するため，集団の文化を変えることによって健康行動へのモチベーションが高まることがあります。特に性の問題はそれが顕著です。本項では，教師が意図的に学生の思考が深まるように導きながらも，学生集団が自発的に健康課題に取り組み，ディ

スカッションを繰り返すことによって自然発生的に性感染症予防への取り組みに対するプロジェクトを発案・実行し，最終的には性感染症予防のための教育プログラムを考案したプロセスを紹介します。

1）対象及び方法

「健康教育論」を履修した養護教諭を目指す11人がディスカッションを繰り返すことを通して健康課題を明確にし，課題解決方法を見いだし，解決のために行動化していく学生の自然発生的な思考と行動プロセスを記録しました。その際に授業担当者及び他の教員（養護教諭養成に関わる学科の教員）や学内の事務職員は学生に気づきを促すように質問や疑問を投げかけ，ときにはあえて難題を持ちかけたり困らせるような発言や提案をするように依頼して，学生の思考を深めたり，創造力を活性化させたり，自発的な行動を促すように働きかけました。

2）授業の展開

	授業名	授業の概要	学生の思考と行動プロセス及び気づき	教員の活動
1	ガイダンス	授業展開の主旨説明		
2	課題の模索と明確化	ＫＪ法を用い課題の明確化	健康課題の中から優先順位を決める。「性感染症の現状を理解し予防行動を高める」ことを最優先の課題とした。	現在直面している課題が何か，また早急に解決しなければならない課題は何か，根拠に基づいて優先順位を決めるように促した。
3	課題解決のための対策	ディスカッションを通して課題解決のための対策を考案	実態把握（学生アンケート，文献調査），教育，啓発活動が必要であることに気づく。そのためにさまざまな部門をつくる必要があることを考えた。	課題解決のためにできるだけあらゆる方法を柔軟に考えるよう促した。

第5章 授業づくりのポイント

4〜5	確実に実行できるための対策の見直し	対策について確実に実行できるための具体的な対策の見直しを考案	全体で議論するよりも，いくつかの部門に分かれ対策を考えるほうが効率的であることに気づく。部門名：総括（会計，企画の集約等も含む。全体の調整），教育（教育プログラムを作成），広報（ポスター作り等），交渉（プロジェクトを進行させていくための校内外への交渉等），調査研究（実態調査及びまとめ）	役割分担をする際，どのようなメンバー構成が適切であり，よいチームになるかディスカッションさせた。
6〜7	担当部門（分野）の決定	担当部門（分野）を決定	各部門担当者を決定するにあたり，自分の得意な分野及び能力を発揮できる分野，力を付けたい部門を選択していること，またそれによってプロジェクトの活性化につながることに気づく。 組織図	部門ごとに具体的な仕事内容を明確化させるように促した。
8〜9	部門ごとの連携	部門ごとに連携	部門ごとの連携，調整が必要になっていることに気づく。	部門のみの話し合いで遂行できるのか疑問を投げかけた。
9〜10	外部との連携	外部と連携	学校内のさまざまな組織との連携，社会資源に関する知識（機関，人），承諾，予算の確保が必要なことに気づく。	他教員・事務職員と連携し，大学内のさまざまな機関に学生が打ち合わせやお願いに行く際に無理難題や意図的に条件を提案するよう依頼した。
11〜13	プロジェクトの遂行	部門ごとにプロジェクトを遂行		

141

14	プロジェクトのプレゼンテーション	下級生に対するプロジェクトのプレゼンテーション	下級生にプロジェクト遂行にいたるまでの思考の変化及び行動のプロセスをプレゼンテーションすることによって，組織的に健康教育に取り組むことの重要性について理解を深める。	プロジェクトを継続させるための手立てを考えさせた。
15	プロジェクトの応用	学校教育や企業への応用を考える。	学校内で養護教諭として健康教育を推進するための方法等に応用できる思考を耕すことへの気づき。	すべての健康課題解決につながる視点の抽出や社会に働きかける方法を理解する。

3） 学習成果

15回の学生授業評価をまとめた結果，学生に次の三つの気づきがありました。

①健康課題の解決のためには，「組織的な取り組み」が必要であり，確実に実行するためには，学ぶ（教育する）ことだけでなく必要とされるさまざまな要素があることを実感したようです。本授業では，学生からの自然発生的な気づきにより，総括（全体の調整，かかる費用など予算案の作成），教育（全学生に実施するための交渉やカリキュラム），広報（ポスターや学園祭などでの広報，ポスター設置の許可申請等），交渉（主にさまざまな部門の提案に関する外部との交渉），調査研究の部門を設けるなど，より社会とのつながりをもった活動へと発展させていくことができました。

②部門同士の連携，外部連携も必要であることへの気づきがありました。

③学生の思考及び行動プロセスは，健康教育を推進していくために，どのように展開できるかについても応用できる思考を習得していました。さらにこの

経験を通じて，養護教諭は健康教育の中核的な役割を担うことが求められているため，養護教諭を目指す学生にとっては多くの技術や感性が養われたと思います。

この学習の方法は，中学生や高校生にも十分に応用できるものです。実際には保健体育科等での実施以外に学級活動，総合的な学習の時間を組み合わせることによって可能となるでしょう。特に中学生，高校生は，社会的な事象に対する興味・関心が広がる時期であり，保健分野においても思考力，判断力，自己決定や自己実現に向けての自立への促しや，個人生活のみならず社会生活とのかかわりを含めて総合的に理解することが求められています。指導者は，児童生徒・学生が自発的に学習し学びを導くためのよき案内人の役割をとることが重要であるとも考えます。

(3) まとめ

児童生徒・学生の実態に即したオーダーメイドの学習内容を考案し，集団と個への学習プログラムを連動させることは，個々の課題に対応したより実感のもてる学びへとつながると考えられます。また，教師は，子どもたちの自発的な行動を導くことによって，自ら能動的に健康課題に取り組む能力を育て，また児童生徒・学生がお互いに切磋琢磨する過程で視野を広げ，社会的な取り組みへと思考や行動を発展させることも可能です。

学校にはさまざまな特性や専門性をもつスタッフがおり，意図的に保健学習への協力を促すことによって，学校内に自然に健康教育のチームがつくられるようになります。また，かかわったスタッフの意識改革にもつながると思われます。そして，そのことがいずれ学校全体に健全な健康文化をはぐくむことにつながる可能性があると考えられました。

（鎌塚優子）

〈引用・参考文献〉
鎌塚優子（2013）「保健指導の達人になろう　第10回保健学習・保健指導と個別保健指導とのつながり〜保健室来室者をさまざまな角度で分析的にみてみましょう〜」『心とからだの健康：子どもの生きる力を育む』17(1)，健学社，p.77-79

Kamazuka Y, Saitou R, Fukushima S : Experiment of health education theory as a part of Yogo teacher training—— An initiative to increase preventive behaviors against sexually transmitted diseases——. The 2st Asia-Pacific Conference on Health Promotion and Education, Taiwan, May 5th 2012

5 自分を見つめることから学ぶ

(1) はじめに

　保健の学習は，健康な生活を送る資質や能力の基礎を培うことを目指しています。子どもは健康をどのようにとらえているのでしょうか。体の不調を感じることなく元気に生活している子どもにとって，健康は抽象的で自分とはかけ離れたものだと感じられるでしょう。ですから，そのような子どもたちが，保健の内容を「自分ごと」として学習する必要性があります。そのためには，子どもが学習指導要領に示されていることと自分がつながっているということを実感できるような手立てをとることが重要になります。

　また，子どもたちはこれまでの生活の中で，親や教師から言われたり，テレビで見たりしながら，多くのことを知っています。例えば，好き嫌いなく食事をとらなくてはいけないことや睡眠をとらないといけないこと，廊下を走ってはいけないことや暗くなる前に帰宅すること，外から帰ってきたら手洗い・うがいをすることやたばこが体によくないことなどです。このような子どものもっている知識を生活に生かせるようにすることも重要なことです。

　そこで，自分の生活をじっくりと見つめさせることに重点をおき，いままで知っていたことと保健の授業で学んだ内容をつなげるような授業が必要です。すでにもっていた知識と学んだ知識が結びついて，新たな「自分ごと」の知識となります。そして「自分ごと」として知識が身に付くことで納得し，自分が成長したように感じ，さらに，自分の生活に生かしていこうとする態度が育っていくのではないかと考えます。

(2) 自分を見つめるために

　当然のことですが，保健の学習内容を一方的に聴く講義中心の授業では，子

どもは自分を見つめることはできません。子どもが自分を見つめるためには，自分を見つめる時間を設けることが必要になります。しかし，45分の授業の中に設定すればよいわけではありません。子どもが自分を見つめることで，嫌な気持ちになったり，否定的な考えをもったりするようになっては絶対にいけません。保健の学習をしてよかったと思えるようにするための工夫が必要になります。

① 自己肯定感を高める工夫

保健の学習で学ぶ健康のことも安全のことも，他人の健康・安全ではなく，自分の健康・安全です。つまり保健の中心にあるのは「自分」です。この「自分」が好き，もしくは好きになる，「自分」に自信がもてる，「自分」を大事にすることはとても重要なことです。子どもがこのように思えるようにするためには，子どもの自己肯定感を高める工夫が必要です。自己肯定感を高めるための工夫として，成長を実感できるような投げかけをしたり，友だちや保護者などから認めてもらえるような機会を設定したり，ワークシートを工夫したりしています。

《4年「育ちゆく体とわたし」》

4年の「育ちゆく体とわたし」では，自分が発育している事実に気づかせ，成長を肯定的に受け止めさせるために，小さかった頃の服や帽子を見たり，1年生から4年生までの身長の変化をグラフ化したりして，子ども一人一人が自分の成長を視覚的にとらえることができるようにしました。

グループで成長の違いを認め合う

そして，自分と友だちの成長を比べる時間や話し合う時間を設け，自分の体の変化や個人差を肯定的に受け止めることができるようにしました。話し合うなかで，「グループみんなの成長が違うけど，みんな成長している」ことに気づかせるように声をかけました。また，

背の高さや体重の重さも個性の一つとしてとらえさせることで、個々に違いのある成長の仕方を認め合えるようにしました。

また、不安をもっていた学習前の自分に、学習後の自分からメッセージを送るようなワークシートを作成しました。

学習前の自分にメッセージを送る　　　　学習カード

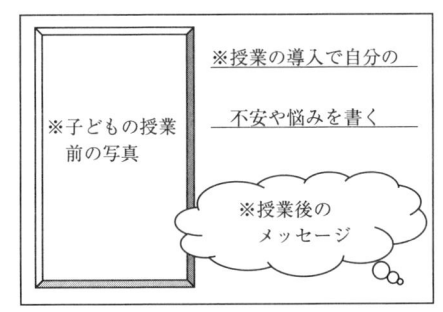

② 知識が自分の生活につながるような工夫

いままで教わってきた知識と保健の学習で学んだ知識が、「自分の生活」という観点で結びつき、新しい「自分ごと」としての知識が生まれることが重要です。そのためにも、「そうだったんだ！」「だから○○なんだ！」というように発見を喜んだり、納得したりできるように子どもの「わかる」を大切にしたいと考えています。子どもが「わかる」ように、自分の生活を振り返る時間を十分保障したり、子どもの身近な情報や環境を教材に取り入れたりしています。

また、これまでの社会の中で築かれてきたり、受け継がれてきたりした価値や文化について考えることも、社会の一員として生きていくという観点から必要なことだと思います。自分の生活と価値や文化をどう結びつけて生活していくのかを、子どもの段階から考えることも大切です。

《5年「けがの防止」》

単元の導入「けがの原因」では、いままでにどんなけがをしたのか、そのけがはいつしたのか、何が原因だったのかなど、「けが」と「自分の行動」について、つながりがあったことに子どもが自分で気づくことを重点に、生活を振り返る

時間を十分に確保した授業を組み立てました。また，通学路にある高架下の暗い道の写真や，子どもがよく遊ぶ地域の公園の「明るい時」と「暗くなった時」の2枚セットの写真を教材として提示し，犯罪被害の防止策を自分の生活と結びつけて具体的に考えさせました。

高架下の暗い道

地域の公園（昼間） 　　　　　　地域の公園（夕方）

《6年「病気の予防」》

　喫煙や飲酒による害を学習した後，たばこや酒は害があるだけのものなのかを考える時間を設けました。喫煙や飲酒は年齢制限があるということから，たばこや酒の存在する価値やその意味を考えるようにしました。酒については，各地で行われている行事や祝い事と深く結びついていることにも気づかせました。そして，保健で学んだ知識と社会とを結びつけて，社会の中で生きている今の自分にできることは何かを考えるようにしました。

　③　考えさせる内容を明確にする工夫

　考えさせる時間を十分に設けるだけでいいわけではありません。あれもこれもと考えることがたくさんあってもいけませんし，一般的に考えていてもいけないと思います。「自分ごと」として考えるようにすることが大切です。そのために，考えさせる内容を明確にする必要があります。保健の授業の中には考

える場面がいくつか設定されると思いますが，その中でも，特に振り返りの時間を大切にし，保健の学習を通して生まれた「自分ごと」としての知識を，生活の中で実践することを目標とする観点を与えるようにしています。

《6年「病気の予防」》

「喫煙の害と健康」では，喫煙による害や受動喫煙による害を学び，さらに，たばこは20歳を過ぎたら喫煙が法的に認められることやたばこの存在する価値やその意味についても考えました。そこで，学習の振り返りの時間を設定し，「自分の体に害があるもの」としての「たばこ」と「特定の大人に

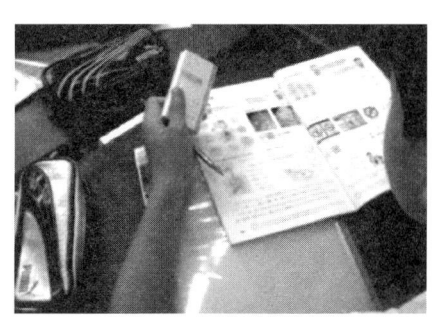

たばことのかかわり方について考える

とっては価値や意味のあるもの」としての「たばこ」と，12歳の自分は今後どのようにかかわって生活していくのかを考えさせるようにしました。

(3) おわりに

6年生の「喫煙の害と健康」では，「ぼくはおとなになっても，たばこは吸わないようにします。でも，お父さんにとってたばこは必要だから，換気扇の下で吸ったり，喫煙ルームに行ってもらったりするように言いたいと思います」という感想がありました。積極的に話し合い活動に参加し，自分の生活はもちろん，友だちや家族の生活についても考えるようになり，どのように自分はかかわり合って生活をしていくのかを真剣に考えるようになりました。

また，4年の「体の発育・発達」では，「背が小さくて自分があまり好きではなかったけど，これからたくさん体も成長していくと思うとうれしくなりました。少し自信がもてました」という感想がありました。友だちとの違いを嫌だと感じていた子どもが，その違いを肯定的に受け止め，自分のことを大切に思えるようになりました。

保健の内容を「自分ごと」として学習できるように保健学習を進めてきまし

たが，自分を大切にしようとする態度や，友だちや家族のことも自分と同じように大切にしようとする態度が育ってきたことが一番うれしいことです。

　読者のみなさんも，教師中心の講義型の保健学習から，子ども中心の過去の自分や友だちや家族，社会に存在するものとのかかわり合いの中で，自分を見つめる保健学習へと転換してみてはいかがでしょうか。　　　　　　（星野充啓）

〈引用・参考文献〉
今関豊一（2008）「「習得，活用，探求」の学習をどのように実践するか」渡邉正樹『こどもと保健』No.64，光文書院，p.4-7
文部科学省（2008）『小学校学習指導要領解説　体育編』東洋館出版社
森　良一・和唐正勝（2012）「保健学習の「楽しさ」を考える」『初等教育資料』第893号，東洋館出版社，p.58-61
白旗和也・森　良一（2012）「学習指導要領の趣旨の実現に向けた体育科の指導」『初等教育資料』第885号，東洋館出版社，p.36-37
白旗和也・森　良一（2012）「子どもが楽しく意欲的に取り組む体育科の授業づくりのポイント」『初等教育資料』第887号，東洋館出版社，p.59
渡邉正樹（2008）「保健領域の改定のポイント」渡邉正樹『こどもと保健』No.63，光文書院，p.45

6 「保健」における指導上の留意点5か条

その1　教科書の単元名を確認したら次に学習指導要領を開こう

「さあ，保健の授業の準備をしないと」と思い立って，まず，やることは教科書や指導書を開くことだと思います。そこには，これこれの知識を教えるためにこれこれの方法をとりなさいという，いわゆるマニュアルが書かれています。たとえるならば，目的地とその場所に行くための道順が示されているようなものです。その道順が自分のクラスの子どもたちにとってわかりやすい道順であるかどうかはわからないのですから，まず，学習指導要領を開いて目的地を確認することが第一歩です。そんなに難しいことは書いてありません。自分の単元の目標を読んでみましょう。

その2　子どもの「感じ」「気づき」を大切にしよう

目的地がはっきりしたら，子どもたちが自分の足で歩いて行くにはどうすればよいかを考えるのが次のステップです。

子どもたちが自分の足で歩き始める（主体的に授業に参加する）エネルギーを与えてくれるのが「感じ」「気づき」を大切にすることだと私たちは考えています。友だちの「感じ」や「気づき」と自分のそれを比較するとき生まれる発見や疑問などの新たな「気づき」が，子どもを動かすのです。

その3　「感じ」「気づき」が生まれる授業の工夫をしよう

そこで，「感じ」や「気づき」の生まれる工夫が必要になります。なぜなら，保健の授業で扱うさまざまな健康の事象は，そのままでは見えないことや，意識されないことが多くあるからです。例えば，喫煙について学習する子どもは，じつは，喫煙についての実感をもっていません（吸ったことがないのですから）。

そこで，喫煙と健康についての学習をするにあたって，以前は吸っていたが現在はたばこをやめている保護者にインタビューをしてきて互いに発表し合うということも考えられるでしょう。

「感じ」や「気づき」の生まれる工夫については本書で紹介した実践の中にもたくさん見られるので，参考にしてもらいたいと思います。

その4　子どもの「感じ」や「気づき」をたくさん発表させ，話し合うことを通して新たな「気づき」を生み出そう

子どもの「感じ」や「気づき」をたくさん発表させてみましょう。そのなかで子どもたちが法則性を発見したり，新たな疑問が生まれたりして，それが次の授業の入り口になることも考えられます。その結果，はじめに考えていた単元計画から外れてしまうこともあるかもしれません。外れたときは慌てずその流れに乗り，本時の授業が終わってから目的地に行く作戦を練り直しましょう。

その5　授業の中で生まれた「気づき」を生活に活用してみよう

自分たちの発見した「気づき」（法則性）を実際に生活の中で使ってみましょう。子どもたちが自分で発見した「気づき」は，子どもたちの知恵となります。それを生活の中で実践することが新たな気づきを生み出すことでしょう。

例えば，「けがの防止」の学習で「けがの防止には〇〇をすることが有効だ」という「気づき」が生まれたら，それを生かして「学校のけがをなくそう」という活動をすることが大切です。そこに，また，新たな「気づき」が生まれるでしょうし，自分たちが発見した法則で環境に働きかけ健康を改善するという活動が，子どもの成長を促すことになるでしょう。

（小野かつき）

あ と が き

　みなさんは，子どもの頃に受けた保健の授業でどんな内容を覚えていますか？　小・中・高とそれぞれにいろいろなイメージや内容があると思います。私は，小6の時に受けた保健の授業は心に残っています。その頃の私にはまだ早すぎた内容だったのでしょう，細かい内容よりも大変な「衝撃」が心に残っているのです。きっと，その頃の私には必要感のない内容だったのでしょうが，友だちにとっては，ちょうど必要としている内容だったのかもしれません。個人差がある以上，すべての子に同じような内容をタイミングよく指導していくということはできません。少し未来のことやずっと将来のことまで扱う保健学習の難しさの一つではないでしょうか。

　私は現場に出てから15年目の小学校教師です。私の勤務するお茶の水女子大学附属小学校では，体育を「からだ」という学習分野名で表記し，保健領域と運動領域の融合を掲げています。そのような研究を初めて打ち出したのは平成14年度です。すでに10年以上，そのようにして「からだ」を扱ってきたわけですが，まだどこかで「保健」を「運動」とは別物として扱ってきたかもしれません。しかし，鈴木直樹先生とであい，理論を学ぶことで，これまで行ってきた自分たちの実践の意味を再確認することができました。また，同じ学習観や問題意識をもった全国の仲間と議論を深め交流を重ねていくうちに，保健は保健，運動は運動と分けて考えること自体が矛盾した考えであって，不自然なのだと考えるようになりました。ですから書籍づくりの最初に「『感じ』と『気づき』を大切にした保健学習」というテーマを聞いたときも違和感なく取り組むことができるように感じました。そのように考えながらこの書籍づくりにかかわることができたことは，私にとってこれまでの取り組みを意味づけるための学びであり，大きな収穫であったと思います。編者・執筆者の先生方に感謝申し上げます。

　さて，本書でもたびたびテーマにあがっていましたが，保健学習を担う教師

の役割とは何でしょうか。つい決められた事柄を「教える」ことが教師の役目のようにとらえられてしまいます。そこには教える「内容」が用意され，その内容が身に付くように段階を追って指導し，身に付いたかどうかをチェックしていく教師と子どもの関係が見えてきそうです。そのような基本スタイルの習得が，教師の役目のように思われがちです。

　武道や伝統芸能の世界に「守破離」という言葉があります。これは，学びの過程を表した言葉だそうです。「守」とは，教えられたことをしっかりと身に付け，守るということです。よく「基本」「型」という言葉で表現されるかもしれません。その次の段階である「破」とは，他の考えや工夫を加えたり，自分の特性に合わせたりして，いままで身に付けてきた「型」を自分流に発展させていくことです。最後の「離」とは，これまでのことをさらに洗練させ，「守」や「破」にとらわれない新しいものを創造していく最終段階です。この「守破離」の考え方は学びの段階を示しているのであって，「守」の段階をきちんと経ていない人は，「破」や「離」の段階で失敗してしまうそうです。「守」の段階を経ていない人は，例えば武道でいうところの「型」が身に付いていない人となるでしょうか。

　学校現場ではどうでしょうか。教師の世界も同じように「型」(＝基本) が大事だと考えられると思います。しかし，私たちが「型」と呼んでいるその「型」が，じつは「型」ではなく「形」になっていないでしょうか。信念や考え方から染みついていくような「型」ではなく，外側から見える授業の形式や進め方・発問内容という「形」にばかりとらわれているという意味です。私は，よく他校の授業研究会に参加する機会があります。今振り返ると若いときは「明日使えるネタ」を常に求めていたように感じます。そして，そこで得てきたことを実際に使ってみるわけです。そのネタはうまく使えているように思えますが，一過性の実践で終わってしまうことが多々あります。それは，それぞれの教師が受け持っている子どもたちの実態が違うことも大きいですが，なにより教師が拠り所にしている学習に対する考え，学習観をあまり考えずに，外側の「形」をまねしていた結果だったのだと思います。まねすることは大変大切なことで，

あとがき

　私も子どもたちに「いいと思ったことはまねしなさい」ということを体育の授業中に言うことがあります。しかし，肝心なのは外側の「形」を支えている中身であることに気づかなくてはいけません。そのような中身に支えられて作られる「形」には意味があります。何かをまねする，身に付けていくという過程で，その意味を解釈していく努力が必要なのだと思います。

　すでに本書を読まれた方はおわかりだと思いますが，本書では，保健の学習をどのように考えるか，その学習観を問い直すことからスタートしています。保健の学習を考える際に「学習とは何か」ということを提起しています。ですから本書に出てくる実践は，明日すぐに使える「形」としてパッケージ化された授業のハウツーやマニュアルを提案したものではありません。むしろ保健学習を考える際の「型」を提示しています。各実践例中の「学びのあしあと」にも示されているとおり，それぞれの実践者には迷いや課題があり，常に振り返りながら実践を行っています。ここにはまさに実践者が学習者をどのように評価し，共に実践を構成していったかという「あしあと」が記録されているのです。ですから，本書の実践者と同じテーマで同じ手法を用いたとしても，同じ「あしあと」は残せるかどうかわかりません。

　むしろ，実践者の思いをくみとり，読者のみなさんであればどのように考えるかという新たな視点を生み出していく過程にこそ意味があるといえるかもしれません。そのような本書と読者の相互作用から生まれる豊かな学びが生成されてくることを願っています。

　また，本書は，小学校の実践がその後どのようにつながっていくのかという視点から，中学校，高等学校での実践も紹介しています。どのような系統で学びが続いていくのかということを俯瞰することで保健の全体像をとらえようと試みました。そのような実践を支える理論的な部分や，「目からウロコ」の保健に関する話題，現場の教師が抱きやすい疑問に答えたＱ＆Ａなども掲載しています。私も一読者として新しい発見や驚きがたくさんありました。読者のみなさんの問題意識によい刺激を与えてくれることと信じています。そして本書を通して，それぞれの現場で生まれる実践が，「破」「離」の境地に進んでいけ

るような道しるべとなることを願っています。

　先日，靴を買った際に店員さんに言われた「これからこの靴を育ててみてください」という一言が心に残っています。靴を履き減らしていく過程で靴を育てる？？？　それは，手入れをしながら自分になじんだ靴に育ててほしいという意味なのだと解釈しました。これは第3章の4でも述べましたが，まさに生成の営みです。本書もそのように読者のみなさんに育ててもらえるような存在となればこの上ない喜びです。

　最後になりますが，本書刊行の機会を与えてくださった教育出版，ならびに本書の企画・編集から発刊にいたるまでの労を執ってくださった阪口建吾さんに感謝申し上げます。多大なお力添えをいただきありがとうございました。深く感謝の意を表します。

（編者：石塚　諭）

「感じ」と「気づき」を大切にした
保健の授業づくり

2013年10月2日　初版第1刷発行

編　者　鈴木　直樹　石塚　諭
　　　　小野かつき　上野佳代

発行者　小林　一光

発行所　教育出版株式会社
　　　　〒101-0051　東京都千代田区神田神保町2-10
　　　　電話 (03)3238-6965　　振替 00190-1-107340

Printed in Japan　　　　　　　組版　シーガーデン
落丁・乱丁はお取替えいたします　印刷　神谷印刷
　　　　　　　　　　　　　　　　製本　上島製本

ISBN978-4-316-80239-8　C3037